Heinz Baum

Die Sängerkastraten der Barockzeit

Wahrheit oder Mythos?

Auf den Spuren eines Rätsels der Medizin- und Musikgeschichte

Heinz Baum

DIE SÄNGERKASTRATEN DER BAROCKZEIT

Wahrheit oder Mythos?

Auf den Spuren eines Rätsels der Medizin- und Musikgeschichte

ibidem-Verlag
Stuttgart

Bibliografische Information der Deutschen Nationalbibliothek
Die Deutsche Nationalbibliothek verzeichnet diese Publikation in der Deutschen Nationalbibliografie; detaillierte bibliografische Daten sind im Internet über http://dnb.d-nb.de abrufbar.

Bibliographic information published by the Deutsche Nationalbibliothek
Die Deutsche Nationalbibliothek lists this publication in the Deutsche Nationalbibliografie; detailed bibliographic data are available in the Internet at http://dnb.d-nb.de.

Umschlagsbild: Jacopo Amigoni (1682-1752): »Bildnis des Sopranisten Carlo Broschi, genannt Il Farinelli«. (Staatsgalerie Stuttgart, Foto: Staatsgalerie Stuttgart). Abdruck mit freundlicher Genehmigung.

∞

Gedruckt auf alterungsbeständigem, säurefreien Papier
Printed on acid-free paper

ISBN-13: 978-3-8382-0393-5

Printed in Germany

Für Elisabeth

Inhaltsverzeichnis

Einiges zu den Kastraten

Immer wieder liest man, dass in der Zeit zwischen 1600 und 1750 sehr viele Kinder, die Rede ist von über 4.000 pro Jahr, im Alter zwischen sechs und neun Jahren kastriert worden seien, um sie später einer Laufbahn als Sängerkastraten zuzuführen. Als Beleg dient dabei regelmäßig dieselbe Monografie (36). Die hohe Zahl, die an kastrierten Kindern angeführt wird, erstaunt aber doch sehr und führt zu der Frage, ob diese tatsächlich verifiziert werden kann. Um mehr zu erfahren, liegt es nahe, sich zunächst ein wenig über die Entwicklung des Kastratengesangs zu informieren.

In den Nachzeichnungen der *Geschichte* des Kastratentums wird teilweise ausgeholt bis in die Antike, oder es wird bis zum Apostel Paulus und seinen Äußerungen über die Stellung der Frau in der Kirchengemeinde zurückgegangen (29, 30, 36, 69). Das *erste Auftreten von Kastraten* ist 1562 in der päpstlichen Kapelle in Rom sowie 1607 bei den Gonzaga in Mantua anlässlich der dortigen Aufführung von Monteverdi's Oper »L'Orfeo« verzeichnet (77, 89). Ihre Spur führt dann zur italienischen beziehungsweise europäischen Oper (29, 30, 36). Als bedeutendste Orte des Kastratengesangs gelten *London* und *Neapel*. In Frankreich kamen Kastraten weniger zum Zuge, dort sangen speziell ausgebildete Tenöre, die »*hautes-contres*« (29). Allein *Farinelli* (1705-1782) scheint 1737, auf der Durchreise nach Spanien, den französischen Hof begeistert zu haben (16). Einige wenige Kastraten haben, so die Quellen, für Ludwig XIV. geistliche Musik gesungen (77).

Führendes Zentrum für Kastrationen soll *Neapel* gewesen sein. Doch schon *Burney* (16) wurde von Mailand nach Bologna, von dort nach Florenz und von Florenz über Rom nach Neapel geschickt, ohne eine Spur von diesem zu finden.

Insbesondere Kinder aus armen, sehr kinderreichen Familien seien kastriert worden, um ihnen eine Chance auf ein gesichertes Auskommen (als kirchlicher Chorsänger) zu eröffnen und damit die Familie finanziell zu entlasten

(77). Dass nur wenige Kinder zu Stars avancieren konnten, sei in Kauf genommen worden.

Dass *kultische Kastrationen im Altertum vielfach belegt seien*, führte zu der Annahme, es habe schon damals viele entmannte Sänger im religiösen Bereich gegeben (29).

An dieser Stelle taucht bei mir eine Erinnerung an die Vorlesung zur Geschichte der Medizin während des Medizinstudiums auf, in welcher der Dozent zur Frage kultischer Kastrationen meinte, es seien vermutlich vorbereitete Schweinegenitalien gewesen, die statt der wirklichen dem erschauernden Volk im richtigen Moment präsentiert worden seien. Aber beweisen konnte er dies natürlich auch nicht.

Ergänzend sei angefügt, dass Kastrationen zwar schon im Mittelalter als Strafe angedroht, vermutlich aber kaum vollzogen wurden (95).

Eine *Blütezeit* des Kastratengesangs habe sich in der ersten Hälfte des 18. Jahrhunderts in der *opera seria* entwickelt, danach sei es, durch veränderte Entwicklungen in der Oper sowie verbesserte sozio-ökonomische Strukturen in der Bevölkerung, mit dem Kastratengesang abwärts gegangen (77). Noch um 1900 soll als letzter Kastrat *Alessandro Moreschi* (1858-1922) in der päpstlichen Kapelle gesungen haben (29). Es gibt Schallplattenaufnahmen von ihm (30), 1902 beziehungsweise 1904 eingespielt, die trotz technischer Unzulänglichkeiten ein beeindruckendes Bild seiner Gesangskunst geben. Ob er allerdings wirklich ein Kastrat war, kann offen bleiben. Darüber hinaus gibt es *Vermutungen*, dass noch bis in die 1950er Jahre hinein Kastraten an der päpstlichen Kapelle gesungen hätten (35).

Als *Begründung* für die Einführung des Kastratengesangs wird die bessere Aussprache der Kastraten gegenüber den zuvor tätigen spanischen *Falsettisten*, den »Spagnoletti«, genannt (29). Auch das Verbot von Frauenstimmen auf der Bühne durch mehrere päpstliche Dekrete, von Sixtus V. im Jahr 1588 bis Clemens IX. im Jahr 1668, wird angeführt. Die steigenden Anforderungen der Oper an eine größere Extension der Stimme in der hohen Lage und stärkerer Intensität der Phonation werden ebenfalls zur Begründung genannt (60). Eine bemerkenswerte Argumentation findet sich in folgendem Satz: »Irgendwann gegen Ende des 16. Jahrhunderts muss ein Italiener auf die Idee gekommen sein, dass man das Monopol der spanischen Sänger auf eine ganz einfache, natürlich-unnatürliche Weise brechen könnte: durch Kastraten.« (69)

Das Kastratentum wurde auch unter religions- beziehungsweise rechtsgeschichtlichen Aspekten untersucht (14). Bemerkenswerterweise werden gerade dabei hohe Operationsrisiken beziehungsweise Todesraten zwischen 70 und 90% erwähnt, ohne dass allerdings weiter darauf eingegangen wird. Auch umfangreiche Werke im Sinne einer Gesamtschau gibt es (4, 30, 36, 69). In jüngerer Zeit wurden (damals noch gültige) endokrinologische (62) sowie auch hormonell-konstitutionelle beziehungsweise pädagogische Aspekte dargestellt (30). Vor allem in der letztgenannten Monografie klingen auch kritische Überlegungen zu den Kastrationen an.

Die »Kastration« der vielen Kinder beziehungsweise das Opfer, das sie für die Musik brachten, wird zwar bedauert, wird letztlich aber als Tatsache hingenommen. Auf ihre Opferrolle und die Verwerflichkeit der Kastration wird in neueren Publikationen aufmerksam gemacht (35).

Bei aller Dokumentation ist nirgends eine an einem Sänger durchgeführte Kastration tatsächlich nachweisbar, ebenso ist kein dabei ausgeübtes Kastrationsverfahren exakt feststellbar. Außerdem ist offenkundig, dass heutige Countertenöre jede technische und interpretatorische Anforderung erfüllen können. Die eingangs gestellte Frage, ob die hohe Zahl an Kastrationen, die in der Literatur angenommen wird, tatsächlich richtig sein kann, scheint eine Berechtigung zu haben.

Diese Beobachtung bildet Anlass zu einer Betrachtung der Kastraten aus ***medizinischer Perspektive***. Am ehesten lässt sich wohl so erkennen, inwieweit solche Kastrationsoperationen *erfolgreich ausgeführt* werden konnten und ob sie überhaupt ihren Zweck erfüllten, nämlich *das Wachstum des Kehlkopfs zu stoppen* und damit die Kinderstimme *bleibend* zu erhalten. Neben ***chirurgischen*** spielen dabei neue ***endokrinologische*** Gesichtspunkte eine Rolle. Ergänzt werden sie durch Überlegungen zur ***psychischen Situation*** der Sängerstars.

Chirurgie zwischen Barock und Heute. Wie Operationen gelingen oder scheitern können

Bevor auf die Kastrationsverfahren im Einzelnen eingegangen wird, werden nachfolgend zuerst einige ***operationsrelevante Faktoren*** besprochen, die in der *heutigen* Chirurgie von eminenter Bedeutung sind und den Verlauf beziehungsweise den Erfolg einer Operation wesentlich beeinflussen (39). Wie der *Entwicklungsstand dieser Faktoren zur Barockzeit* aussah, soll dabei untersucht werden. Diese Zustandsbeschreibung ist die Grundlage, um zu verstehen, was Chirurgie während der Barockzeit bedeutete.

Beginnen wir mit einem Bereich, der schon im Vorfeld der eigentlichen Operation wichtig ist, der sogenannten praeoperativen Situation. Hier wird versucht, die körperliche und psychische Gesamtsituation des Patienten zu erfassen, um eingreifen zu können und bestmögliche Bedingungen zu schaffen. Natürlich spielen eventuelle *Vorerkrankungen* dabei eine besondere Rolle.

Die praeoperative Situation

Zunächst haben Kinder wegen ihrer größeren Organgesundheit grundsätzlich eine bessere Operationsprognose als ältere Menschen, die ja an vielfältigen Organveränderungen leiden können. Unter bestimmten Bedingungen kann dies jedoch bei Kindern auch anders sein. Es ist sinnvoll, hier unter Bezugnahme auf Italien, ein wenig weiter auszuholen.

Die Versorgung mit den Nahrungsbestandteilen *Eiweiß*, *Kohlehydrat* und *Fett* war im Italien der Barockzeit in den Städten meist ausreichend. Dies änderte sich durch eine Wirtschaftskrise mit dem Zusammenbruch des Handwerks um 1630. Viele Stadtbewohner zogen aufs Land und mussten von der Landbevölkerung versorgt werden. Eine Zunahme der Agrartätigkeit war zunächst die Folge (40).

Die Spanier, die die Ausgaben des 30-jährigen Kriegs decken mussten, hielten die Lebensmittelpreise sowohl im Königreich Neapel als auch in ihrem italienischen Einflussbereich zwar künstlich niedrig, um die Bevölkerung ruhig zu halten, trieben jedoch die Steuern immer höher. Dies führte zur Verarmung eines Teiles der bäuerlichen Bevölkerung, der zusätzlich zu seinen erhöhten Abgaben an die Herrschaft noch durch diese höheren Steuern belastet war. Dürren machten Ernteerträge zunichte. Es traten Tierseuchen auf, der Viehbestand reduzierte sich. Ein besonderes Problem waren Heuschrecken, die ganze Ernten vernichteten, denen aber nichts entgegenzusetzen war. Eine immer weiter sich drehende Spirale aus *Ernährungsmangel – Schwächung – Krankheit – verringerter Feldbestellung – und damit wieder weiterem Ernährungsmangel* entwickelte sich. Dann trat noch die Pest auf, 1630 im Norden, ab 1656 in mehreren Wellen im Süden. Neben der Dezimierung vor allem der ärmeren Bevölkerung kam es danach regelmäßig zu Hungersnöten mit weiteren verheerenden Auswirkungen (8).

Zwar konnte die Ober- und auch wohlhabendere Mittelschicht ihren Bedarf an Nahrungsmitteln decken, aber in der zahlenmäßig großen Unterschicht, besonders in den Randschichten der Wanderarbeiter und Tagelöhner, machte sich *Ernährungsmangel* breit. Die Säuglingssterblichkeit nahm im 18. Jahrhundert über den europäischen Durchschnitt hinaus zu. Die Lebenserwartung war niedrig.

Ein zu geringes Angebot an Fleisch, das sich die armen Schichten nicht mehr in ausreichender Menge leisten konnten, führt zu einem *Eiweißmangel*. Bei der ersatzweise dann bis zu 80% aus pflanzlichen Eiweißen stattfindenden Eiweißaufnahme fehlen einige essentielle Aminosäuren (wichtige Eiweißgrundbausteine) zum Eiweißaufbau des Menschen. Eine *volle biologische Wertigkeit des Eiweiß ist nicht mehr gegeben*, d. h. es entsteht eine negative Stickstoffbilanz (Resultat aus dem biologisch unvollständigen Eiweißstoffwechsel), mit ungünstigen Auswirkungen auf den Gewebeaufbau und das Immunsystem. Der Organismus hat dann *weniger Abwehrmöglichkeiten*. Pathogene (krankmachende) Keimarten gewinnen, leichter als bei Gesunden, die Möglichkeit, sich anzusiedeln und auszubreiten. Dies bedeutet ein *höheres Operationsrisiko*; *Heilungsstörungen* und *Wundinfektionen* nach Operationen sind quasi vorprogrammiert (21, 84, 85). Auch eine Gewichtsreduktion stellt sich ein.

Heute wird ein ungewollter Gewichtsverlust von mehr als 10% des Körpergewichts innerhalb von sechs Monaten als einfaches Kriterium der Mangelernährung bei 30 bis 50% der chirurgischen Patienten bei der stationären Aufnahme beobachtet. Diese Patienten haben eine erhöhte Komplikationsrate wie Wundheilungsstörungen und Infektionen (85). Sicherlich sind die Gründe einer Mangelernährung heute anders als in der Barockzeit. Die Zahlen belegen jedoch die große Bedeutung des Problems (84).

Nachdem der Getreideanbau regional unterschiedlich gehandhabt wurde und Reis nahezu vollständig in den Export ging, war Mais das ganz überwiegende Nahrungsmittel großer Bevölkerungsteile (40). Einseitige Ernährung mit Mais hat eine besondere Konsequenz: Der Organismus verarmt an Tryptophan (einer Aminosäure), und es entsteht die *Pellagra*, eine Erkrankung mit atrophischen Hautveränderungen, blutenden Schleimhäuten – d.h. Resorptionsveränderungen im gesamten Darm – sowie schweren Veränderungen im Zentralnervensystem. Die *Resorptionsveränderungen im Darm* haben natürlich *negative Auswirkungen* bei einer eventuellen Operation beziehungsweise der Heilungsphase danach.

Bei Kindern gab es auch andere, damals wenig erklärliche oder lange unerkannt bleibende Vorerkrankungen. Nicht nur in Reisanbaugebieten mit Wasserflächen, wie beispielsweise der Po-Ebene, sondern auch in den Sumpfgebieten der Maremma sowie im gesamten übrigen Italien war *Malaria* verbreitet (40). Auch *Typhus* trat (40) ebenso wie *Tuberkulose* häufig auf (94).

Die bei Kindern nicht seltenen starken *Virusinfekte* können das Immunsystem längere Zeit schwächen (54). Ganz ungünstig ist es, unbemerkt in die symptomfreie beziehungsweise -arme Inkubationszeit (Zeit zwischen Infektion und Ausbruch) einer Infektionserkrankung hinein zu operieren. Auch alle anderen bis zur Operation unerkannt oder unbehandelt gebliebenen Erkrankungen sind *risikoerhöhend*.

Kinder reagieren generell anders als Erwachsene, auch in ihrer psychischen Lage. Sie sind abhängig, ausgeliefert und dabei sehr empfindlich für angsterregende Situationen, wie beispielsweise bevorstehende Operationen. Solche Situationen wirken als *Stressoren* auch auf das *Immunsystem* und beeinträchtigen die Kinder.

Ängste, vor und nach einer Operation, erhöhen auch die Atemfrequenz; es kann zu einer respiratorischen Alkalose (atmungsbedingte pH-Wert-Verschiebung im Blut ins Laugenmilieu) kommen, da vermehrt Kohlendioxid (als Säure) abgeatmet wird (17). Diese Stoffwechselveränderung kann zwar in geringerer Ausprägung von den Nieren kompensiert werden, nicht jedoch in stärkerem Grad. Das Operationsrisiko erhöht sich damit zusätzlich.

Schon vor der Operation kann also vieles auf Kinder einwirken, das, wenn es nicht erkannt und beseitigt wird, negativen Einfluss auf den Verlauf der Operation beziehungsweise auf die Heilungsphase danach haben kann. Zumindest kurzfristig konnte kein Heilkundiger der Barockzeit bei den genannten Dingen korrigierend eingreifen. Das heißt: Bei den vielen Erkrankungsmöglichkeiten, die es damals gab, waren die Operationsrisiken von vornherein deutlich höher als sie es heute sind.

Die Narkose

Vor der eigentlichen Operation sind noch Narkosefragen zu beachten. Neben der Schonung des Patienten ist es überwiegender Sinn einer Narkose, Schmerzfreiheit für eine *ruhige und damit sichere Operation* zu erreichen.

Wesentliche Grundvoraussetzung einer Narkose ist die richtige *Lagerung*. Beim Liegen auf dem Rücken fällt bei *Bewusstlosigkeit* die Zunge nach hinten und verlegt die Atemwege; es kommt dann zum baldigen *Atemstillstand* (13). Zur Verdeutlichung: Vor etwa 40 Jahren noch war in 15% der Fälle die zurückgefallene Zunge die alleinige Ursache tödlich endender Unfälle (2). Auch bei sitzender, halbschräger Rückenlage besteht diese Gefahr; ebenso bei Kopftief- und Rückenlage. Wohl viele während der Barockzeit operierten Patienten wurden *infolge unerträglicher Schmerzen bewusstlos* und *fielen unerkannt* diesem Schicksal zum Opfer.

Lagerung in Kopftief- und Rückenlage. Bei Bewusstlosigkeit wird es für den Patienten gefährlich. Das Bild zeigt keine Samenstrangdurchschneidung, wie man auf den ersten Blick vermuten könnte, sondern den Beginn einer Leistenbruchoperation. Der Operateur hält gerade eine Hautfalte hoch und »unterschneidet« sie von unten her. (Scultetus, 1666)

Während einer Bewusstlosigkeit kann es leicht zum *Regurgitieren* (Hochwürgen) von Mageninhalt kommen, falls der Magen nicht etwa sechs Stunden leer ist (13). Der hochgewürgte Mageninhalt kann aspiriert werden und die *Atemwege verschließen*; es kann zum Atemstillstand mit Exitus kommen. In der Barockzeit ein vermutlich *häufiges Ereignis*. Sollte es jedoch zunächst noch gut gegangen sein, kann sich durch den aspirierten Mageninhalt eine schwere Lungenentzündung entwickeln, die bei geschwächten Kindern tödlich verlaufen kann.

Wirkliche *Narkosemittel*, steuerbar und verlässlich, gab es in der Barockzeit nicht. Zwar war Äther bekannt, wurde aber noch nicht für Narkosen eingesetzt. Oft genannte, mit obskuren Ingredienzien getränkte *Schwämme*, auf die gebissen werden sollte, besaßen *keine sichere anästhesiologische Relevanz* (33, 68, 78).

Der Versuch, eine Bewusstlosigkeit (und damit Schmerzfreiheit) mittels *Druck auf die Halsschlagader* (Arteria carotis com.) zu erreichen, ist äußerst riskant. Neben der direkten Drosselung der Durchblutung kommt es durch die Reizung der Pressorezeptoren (Druckrezeptoren) auf der Arterie (*Plexus caroticus* und *Ganglion caroticum*) zum Blutdruckabfall mit Pulsverlangsamung (10). Ein *relativ geringes Drücken* kann schon einen starken Blutdruckabfall und eine erhebliche Pulsverlangsamung bewirken. Es sind Herzstillstände bekannt. Bei dieser Methode lässt sich *nichts dosieren* oder *steuern*; jeder Mensch reagiert anders. Wann es zu welchen Reaktionen kommt, weiß niemand im Voraus. Es gibt hier keine Erfahrung, die hilft. Die Methode ist als Narkoseverfahren völlig ungeeignet.

Sollte *Opium* zur Analgesie (Schmerzfreiheit) eingesetzt werden, entsteht sofort ein *Dosierungsproblem*. Opium kann zu einer *Atemdepression* führen (13, 57, 58, 81). Vor allem Kinder, deren Atemzentrum *sensibler* reagiert als das von Erwachsenen, sind gefährdet. Es kann zum Atemstillstand mit Exitus kommen. Auch Erbrechen kann ausgelöst werden, was nach Aspiration des Erbrochenen wiederum zu Ersticken oder einer Lungenentzündung führen kann (13).

Ein warmes, angeblich die Schläfrigkeit förderndes Bad, wie es öfters erwähnt wird, ist zur Narkoseunterstützung nicht geeignet, da hierdurch die Blutgefäße weit gestellt werden und es zu *vermehrter Blutungsneigung bei der Operation* kommt. Außerdem verteilt ein Bad, im Gegensatz zum Duschen, hygienisch gesehen die Keime lediglich von den Füßen an den Hals. Das heißt, das Operationsfeld wird zusätzlich mit Keimen belastet. Das Operationsrisiko steigt.

Die heutige Aufgabe der Anästhesie umfasst natürlich wesentlich weitere Aufgaben als die Ausschaltung des Schmerzerlebens allein. Neben der Muskelrelaxation (Entspannung) sind vor allem die Überwachung der Herz-Kreislauftätigkeit und die Kontrolle von Ausscheidungsfunktion und Körpertemperatur zu nennen. All dies spielte während der Barockzeit jedoch keine Rolle, war nicht bekannt und wurde nicht reguliert.

Genauso wenig ließen sich auch alle anderen oben erwähnten Dinge hinlänglich steuern. Sie sind aber, wie wir gesehen haben, von ganz wesentlicher Bedeutung. Auch aus dem Narkosebereich resultierten also damals, im Gegensatz zu heute, ganz entscheidende Gefährdungen für die Patienten.

Die Antisepsis und Asepsis

Für eine Operation ist *Antisepsis* (Unschädlichmachen der Krankheitserreger durch Desinfektion) beziehungsweise *Asepsis* (Keimfreiheit) erforderlich, ansonsten kommt es zu Wundinfektionen (50, 102). *Wundinfektionen* sind von der Keimzahl (Keime sind Mikroorganismen, die Erkrankungen auslösen können) abhängig, von der Keimart und Virulenz (Fähigkeit eine Erkrankung auszulösen) sowie von der Immunlage (51, 59). Besonders gefährlich sind *Mischinfektionen* mit mehreren Erregerarten. Auch sonstige, allgemeinere Bedingungen, welche die Keime vorfinden, sind von Bedeutung.

Es gibt lokale und systemische Infektionen. Lokale Infektionen können sich zu systemischen Infektionen ausweiten, die dem Krankheitsbild einer *Sepsis* (Blutvergiftung) entsprechen (59). Infektionen können auf verschiedenen Wegen *Anschluss ans Blutsystem* finden und zu einer solchen Sepsis führen. Diese verlief früher fast immer tödlich.

Bei Operationen sind neben dem eigentlichen *Operationsfeld*, das zu jener Zeit nicht antiseptisch behandelt wurde, insbesondere die *Hände* wichtig. Sie müssen *keimfrei* sein, sonst werden unweigerlich Keime ins OP-Gebiet eingebracht. Keimfreiheit lässt sich beispielsweise mit sterilen OP-Handschuhen erreichen, die es zu jener Zeit natürlich noch nicht gab. Damals hat man sich die Hände vor einer Operation nicht einmal gewaschen (78). Eine Keimverschleppung massivster Art war die Folge.

Weiter zählt die Keimfreiheit der *Instrumente* sowie des evtl. verwendeten *Naht-* oder *Verbandmaterials*. Auch die Keimarmut der *Kleidung* sowie der gesamten *OP-Umgebung* (Raum, Tisch) ist von Bedeutung (50, 102). Dies sind heutzutage Selbstverständlichkeiten. Damals gab es aber keinerlei Antisepsis beziehungsweise Asepsis, man hatte von Keimen kaum eine Vorstellung. Zwar hatte *van Leuwenhoek* (1632–1723) schon Mikroskope gebaut und damit auch Mikroorganismen gesehen, nicht aber ihre *Bedeutung* erkannt (25, 78). Sie konnten in keinen Krankheitszusammenhang gebracht werden. Dadurch verschlechterten sich die Chancen einer Operation entscheidend. Eine grundlegende Änderung trat erst ein, nachdem *Semmelweis* (1818-1865) das Kindbettfieber als *infektionsbedingt* erkannt und erste wirksame antiseptische Maßnahmen eingeleitet hatte. Das bis dahin alles beherrschende Wundfieber wurde letztlich aber erst mit den Maßnahmen *v. Bergmanns* (1836-1907) und seiner Vorgabe »alles, was mit der Wunde in Kontakt kommt, muss steril sein«, deutlich reduziert (80). Bis dahin *verstarben die meisten aller chirurgischen Patienten* mit offenen Wunden jedweder Art, sowohl in Kliniken als auch außerhalb.

Nussbaum, Münchner Professor und Generalstabsarzt, hatte noch 1875 erlebt, »wie gesunde, junge Leute mit groschengroßen, frisch aussehenden Wunden ins Spital kamen, schwer krank wurden und nach Schüttelfrösten starben« (33, 78). Die großen Leistungen von Joseph Lister (1827-1912) und Robert Koch (1843-1910) für die Antisepsis/Asepsis sollen an dieser Stelle nicht unerwähnt bleiben.

Alle Instrumente waren damals mit verschiedenen Keimen kontaminiert und trugen zur Mischinfektion der Wunden bei. Zwar war es Aufgabe der Wundarztlehrlinge, die Instrumente zu reinigen, dies kam jedoch, mit den damaligen Mitteln, einem gleichmäßigen *Verteilen* von Keimen näher als einer Keimreduzierung.

Bei den verwendeten Messern spielt, neben ihrer Sterilität, wegen der *Mikrotraumatisierung der Wundränder* auch die Schärfe eine Rolle. Mit stumpfen Messern werden im Wundrandbereich immer Zellen zerstört, welche dann einen *ersten Nährboden* für eindringende Keime abgeben. Außerdem entsteht ein *Wundrandoedem* (Flüssigkeitseinlagerung mit Schwellung) mit schlechter Durchblutung des Gewebes und damit erhöhter Infektionsanfälligkeit. Diesem Problem wird heute mit sehr scharfen Einmalskalpellen entgegengewirkt.

Ein besonderes Problem der Infektion einer Wunde ist eingebrachtes *tierisches Fremdmaterial*. Dies gilt für *Nahtmaterial* aus Wolle, Seide oder auch

Rosshaar, wie es für Nähte oder Ligaturen (Unterbindungen) damals verwendet wurde (37). Gezwirnte Fäden saugen dabei infolge ihrer kapillären Wirkung beträchtliche Keimmengen an beziehungsweise schleppen diese mit sich in die Tiefe. Manchmal wurden Schnüre oder Bindfäden aus Hanf, Leinwand oder Baumwolle in der Chirurgie verwendet, die aber ebenfalls mit Keimen belastet waren.

Vor der Operation heftete sich der Operateur einen Vorrat von Ligationsmaterial an den Rock (s. u.), das er dann im Bedarfsfall verwenden konnte, wobei allerdings *meistens nur größere Gefäße ligiert* wurden (15).

Das verwendete *Verbandmaterial war keimbeladen*. Meist wurde zuerst die sogenannte »*Carpie*« in die Wunde eingebracht (37). Dies waren Bäusche aus gezupfter Leinwand in verschiedenen Formen, z. B. der eines Zapfens. Sie waren oft in (unsterilem) Wundbalsam getränkt. Ihr Zweck war, die Wunde offen zu halten, damit sie von unten her zugranulieren konnte. Darüber kam ein *Pflaster*, d. h. eine Art Salbe auf Leinwand gestrichen, mit unterschiedlicher Wirkung. Das Ganze war wiederum unsteril. Über das Pflaster wurden in mehrere Lagen gefaltete *Kompressen* aus Leinwand gelegt, zum Halten der Carpie und des Pflasters. Die Kompressen wurden trocken oder mit verschiedenen Flüssigkeiten angefeuchtet ebenfalls unsteril aufgelegt. Zum Abschluss wurde das Ganze zum Halt nochmals mit *Binden* umwickelt.

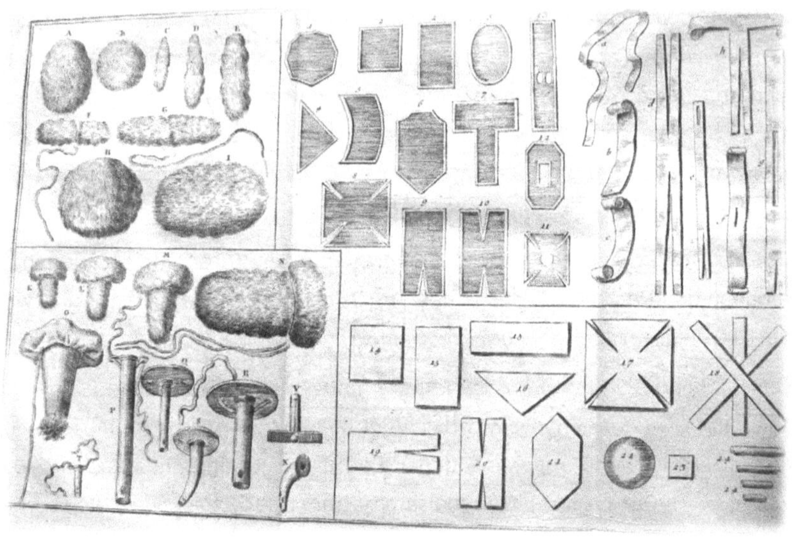

Verbandsmaterial: 2x links: gezupfte Carpie, oben mittig: Pflaster, oben rechts: Binden, unten rechts: Kompressen. Wohlgemerkt alles unsteril, teils aus zuvor schon verwendetem Material. (Heister, 1763)

Diese Carpie-Verbände blieben einerseits zu lange liegen und waren bald *vollgesogen mit Blut, Sekret und Eiter.* Sie bildeten einen Nährboden für Keime und besaßen ein extremes *Infektionspotential*; die Wunde war dadurch *bis in die Tiefe* mit Keimen angefüllt. Andererseits neigte man dazu, frische Wunden nicht in Ruhe heilen zu lassen. Es wurde herumgemacht, womit zusätzlich Keime in die Wunde eingebracht wurden. Die Wunden wurden dabei immer wieder *erodiert* (aufgerissen) und Keime konnten *Anschluss ans Blutsystem* finden. Manchmal wurde sogar, in Verkennung der Realität, extra Fremdmaterial auf die Wunde aufgebracht, um eine Eiterung, die damals infolge falscher Vorstellungen als wünschenswert galt (pus bonum et laudabile), zu erzeugen (33, 78). Auf diese Weise hatten *auch kleinere Eingriffe letztendlich ein hohes Risiko* für die Patienten.

Das nicht schichtgerechte Vernähen von Wunden, wie es früher häufig war, birgt Risiken, unter anderem durch Taschenbildung mit *Blut- oder Wundsek-*

retansammlungen, was dann als Nährboden für Keime dienen und zu sich *ausbreitenden* Infektionen führen kann.

In *Lorenz Heisters* (1683-1758) damals führendem Buch »Chirurgie« (37) ist alles zum Verbinden Notwendige abgebildet und sieht, in Kupfer gestochen, ordentlich und sauber aus. Der *Realität* wesentlich näher kommen dürften jedoch *Billroths* Äußerungen, die *Gierhake* wiedergibt (33).

Gierhake schreibt zuerst selbst: »In der Chirurgie forderten Wundinfektionen und Hospitalbrand in erschreckendem Maß ihr Opfer.« Dann weiter *Billroth* (1829-1894), berühmt für seine heute noch angewandte Magen-OP-Technik: »Das Verbandmaterial der damaligen Zeit, die ›Carpie‹: Sie wurde aus alter, sonst nicht mehr brauchbarer Leinenwäsche hergestellt; diese wurde in einzelne Fäden zerzupft, um dann daraus Kompressen und sonstiges Verbandsmaterial zu fertigen. Der Verbandsstoff wurde nur mit kaltem Wasser und ohne Seife gewaschen, so dass oft Kompressen zurückgewiesen werden mussten, da sie von früherer Verwendung her noch mit Eiterkrusten bedeckt waren«.

Zur Operation war es bis dahin üblich, dass der Chirurg täglich den gleichen alten Rock anzog, den man für andere Zwecke nicht mehr verwenden konnte; er war mit Blut und Eiterkrusten bedeckt. Billroth sah es darum 1881 als einen großen Erfolg an, als es ihm in Wien gelungen war, durchzusetzen, dass Hilfskräften und Chirurgen täglich ein frischer Kittel bereitgestellt wurde.

Auch *Blutungen* ins Gewebe können die *Wundheilung* stören und Anlass für Infektionen geben (50, 102). Das eiweißhaltige Blut bildet einen hervorragenden Nährboden für eindringende Keime. Zur flächigen Blutstillung wurden obskure, kaum wirksame Pulver aus Gips, Aloe oder Kalbs-Leber verwendet, die *eher zur Infektion* der Wunde beigetragen haben als zur Blutstillung. Auch Carpie, getränkt in Brandwein, Spiritus, Alaun oder Essig, wurde verwendet. Ansonsten wurden Blutungen einfach mit *Schwämmen* weggewischt, die jedoch *von vorangegangenen Operationen noch keimbehaftet* waren, da sie nur in Eimern mit kaltem Wasser ausgewaschen waren. Schwämme haben beim Gebrauch zudem einen Abrieb, der als infektiöses Feinmaterial im gesamten Operationsfeld verteilt wird und zur Wundinfektion beiträgt.

Geübte und ausgebildete Operateure konnten versuchen, Arterien zu unterstechen. Ansonsten war Ausglühen mit dem Brenneisen möglich; nach *Abfallen des Schorfs* waren jedoch *Nachblutungen* zu erwarten. Bei Amputationen von Gliedmaßen kam das Tournequet zum Einsatz, ein Schraub-Riemen-Instrument zum Abbinden (37, 68).

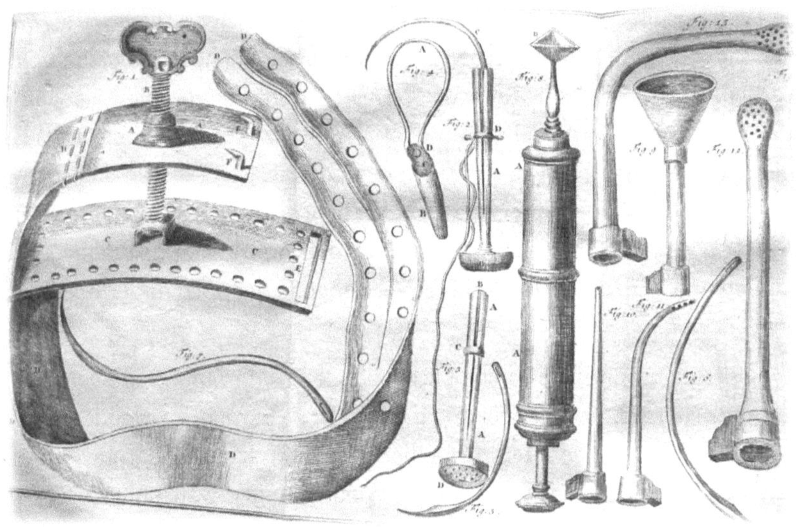

Links ein Tournequet. Zu beachten rechts daneben der Nadelhalter mit großer Nadel und grobem Faden. Der Gebrauch des Nadelhalters war nur mit erheblichen Manipulationen zu bewerkstelligen. Alles unter unsterilen Verhältnissen. (Heister, 1763)

Bei größeren Blutungen, evtl. mit *Gewebezerstörungen* in der Umgebung, können *anaerobe Keime* (ohne Sauerstoff lebend), wie Gasbrand oder Tetanus, in der Tiefe wirksam werden. Dies sind Keime, die heutzutage fast aus dem Bewusstsein verschwunden sind, aber eine enorme Gefährlichkeit besitzen. Beide Keime sind *ubiquitär (überall vorhanden)* (50), dabei kann Gasbrand sich besonders aus Schmierinfektionen vom Darm her entwickeln (85). Gerade bei Operationen im Leistenbereich besteht eine entsprechende Gefahr.

Zum Reinigen von Wunden wurde das Abreiben mit in Brandwein getränkten (unsterilen) Kompressen empfohlen. Auch ein Gemisch aus Terpentin, Eidotter und Rosenhonig wurde angewandt, das aber im Grunde kaum etwas anderes als ein *Bakteriennährboden* war.

Es gab also eine Vielzahl von Infektionsmöglichkeiten, was deutlich macht, warum operationsbedingte Infektionen damals so häufig waren. Die leichteren, mit denen der Organismus fertig wurde, konnten abheilen. Die schwereren aber, die ja nicht therapierbar waren, breiteten sich aus. Lassen wir uns diese vielen schweren Infektionsmöglichkeiten wirklich zu Bewusstsein kommen, verstehen wir, warum es zur Barockzeit so viele Tote bei Operationen gab. Die Hauptursache ist hier zu finden. Wundinfektionen waren enorm verbreitet und kosteten den meisten chirurgischen Patienten das Leben. Ohne wirkliche Behandlungsmöglichkeit waren die Patienten ausgeliefert, die Heilkundigen sahen sich hilflos und mussten den Ereignissen ihren Lauf lassen.

Die Ausbildung

Für operative Belange spielt die Ausbildung des Operateurs eine wesentliche Rolle. Wie sah es damit aus? Wir können zwei Ausbildungsgänge deutlich voneinander unterscheiden. Einerseits die *universitäre Ausbildung der Ärzte*, die zunächst beschrieben wird, andererseits die *nicht universitäre Ausbildung der sogenannten Wundärzte*, die darauf folgend dargestellt wird. Wie sich diese unterschiedlichen Ausbildungsgänge auswirkten, werden wir sehen.

Die Ausbildung der Ärzte

Eine *universitäre Medizinausbildung* war zunächst Adligen und Patriziersöhnen vorbehalten, obwohl bald auch Bürger- und Bauernsöhne studieren konnten. Zunehmend ab etwa 1700 war der Zugang zu Universitäten für alle leichter; zunächst wohl in Paris, bald auch in Amsterdam, Bologna und anderen Orten (78).

Chirurgie, mit *Universitätsprofessoren*, ist zwar schon im 16. Jahrhundert als Bestandteil des ärztlichen Universitätsunterrichts nachzuweisen (z. B. in Wien, Leipzig und Würzburg), bestand für lange Zeit aber nur im *Lesen und theoretischen Interpretieren* alter Meister, *ohne jegliche praktische Ausübung der Chirurgie*. In Basel ist 1594 erstmals ein Absolvent als »Doctor in Chirurgia« belegt; in Halle erscheint 1650 ein »Dr. med. et chir.«. Es könnte sich dabei aber um erkaufte Titulierungen gehandelt haben; über eine praktische Tätigkeit lässt sich nichts belegen (27).

Die *universitäre Medizin* hielt zur *Chirurgie* lange Zeit eine gewisse Distanz. Im weiteren Verlauf wurde die Chirurgie aber immer besser in die ärztliche akademische Ausbildung integriert, konnte sich auch praxisnäher entwickeln. Kurz nach 1700 gab es in Halle erste Anfänge einer klinischen Betreuung von Patienten in Krankenstuben (47). Ab 1708 bürgerten sich Präparierkurse ein. 1718 erschien *Heisters* erste Ausgabe seiner »Chirurgie«. Ab 1725 wurde in Preußen ein »cursus anatomicus« von den künftigen Ärzten verlangt (27). Was dies allerdings für ein operatives, praktisches Arbeiten wirklich bedeutete, ist nicht sicher zu beurteilen. *Heister* erwähnt in seiner Ausgabe von 1753 Operationen in (anderen) Spitälern. Wie es um Operationen dort bestellt war, vor allem auch, was die praktische Ausbildung betrifft, muss offen bleiben. 1790 wurde die Bezeichnung Feldscher abgeschafft; 1852 wurde in Preußen ein erstes Gesetz erlassen, das alle Zweige der Medizin einer universitären Ausbildung verpflichtete (80).

Lorenz Heister, der berühmte Chirurg und Universitätslehrer jener Zeit, lässt sich im Vorwort zur ersten Ausgabe seiner »Chirurgie« von 1718 wie folgt vernehmen (37): »Die bisherigen Chirurgen waren entweder Medicis, welche selbst keine Operationen verrichteten und aus eigener Erfahrung nichts sagen konnten, oder sie waren bloße Chirurgen die sonst nichts studiert hatten, vor allem von Anatomie nichts wussten, und damit nur sehr übel und ungereimt raisonierten«. Laut Heister enthielten die damaligen Bücher zu wenig Wissen, waren zu ungenau und außerdem veraltet. Vieles blieb unerwähnt oder wurde einfach weggelassen. Er klagt, diese Bücher ließen die Lernenden »in großer Confusion« zurück.

Ein Beispiel dafür findet sich bei *Johannes Scultetus* (1595-1645) aus Ulm (87), mit seiner Schilderung einer Bruchoperation und Semicastration, wobei er, zwischen beidem hin- und herpendelnd, zwei Abbildungen verwendet und dann noch einmal zusätzlich eine Semicastration beschreibt. Zu guter Letzt kommt noch ein Fleischbruch mit einem Scrotalbruch verknüpft ins Spiel, bis schließlich niemand mehr richtig weiß, wie er sich orientieren soll. Auch sein ansonsten exzellenter Kupferstecher, *Jonas Arnold* (1609-1669), der mit feiner, leichter Technik medizinisch-chirurgische Inhalte präzise darzustellen wusste, trägt in diesem Falle mit der Verwechslung von linker und rechter Hand sowie der ungenauen Verwendung von Bezeichnungen zwischen Text und Abbildung nicht gerade zu größerer Klarheit bei. Möglicherweise resultieren manche dieser Unklarheiten auch aus der Übersetzung des ursprünglich lateinischen Textes ins Deutsche. Sie sind aber jedenfalls wirksam.

Greift man zum 1517 erschienenen Werk des *Hans von Gerstdorff* (ca. 1455-1529) aus Straßburg (32), wird Heisters Ansicht ebenfalls nachvollziehbar; bei aller Bedeutung, die das Werk *v. Gerstdorff's* zu seiner Zeit sicher hatte.

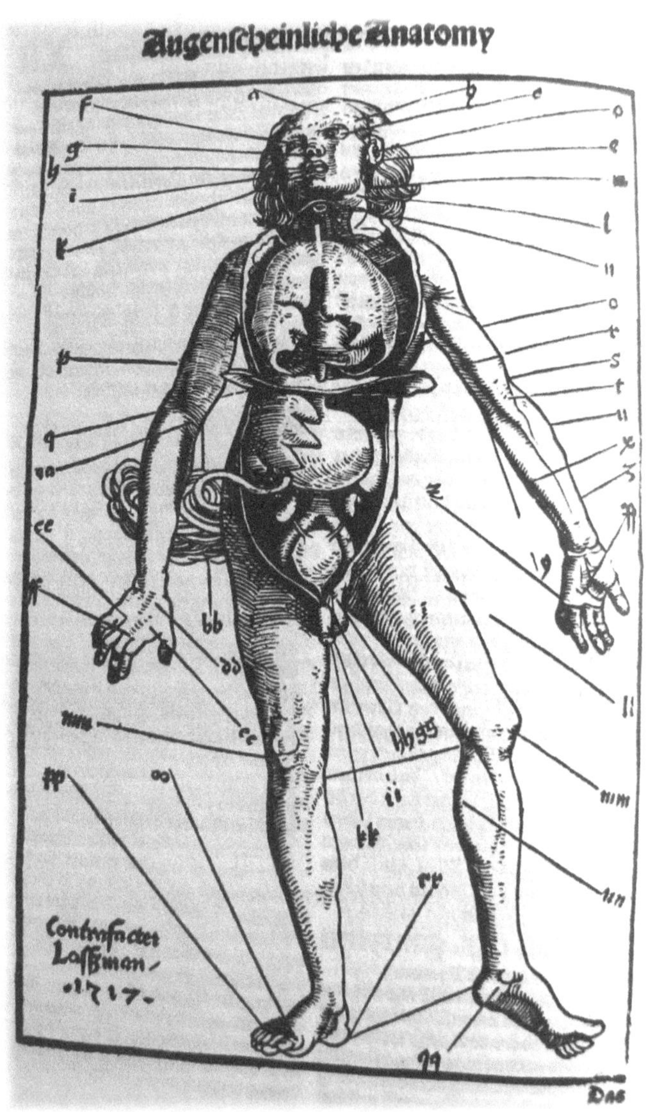

Solche anatomischen Vorstellungen galten in der Zeit vor Lorenz Heister. Er klagt, wie ungenau sie waren. Wie sollte danach operiert werden? (Gerstdorff, 1517).

Heister verfasste deswegen also ein eigenes Lehrbuch, das einen allgemeinen und speziellen chirurgischen Teil enthielt, sowie einen Teil für Verbände. Außerdem behandelte er Instrumente, Medikamente und Diät, auch postoperative Behandlungsmöglichkeiten seiner Zeit. Der ganze Aufbau ähnelt sehr einem heutigen Lehrbuch, obwohl das Buch humoralpathologischen Grundsätzen verpflichtet ist. Heister hebt sich mit diesem Buch von Vorgängern, wie beispielsweise *Fabricius Hildanus* (1560-1634) (41) oder *Matthäus Gottfried Purmann* (1649-1711) (73), deutlich ab. Inwieweit Heisters in deutscher Sprache verfasstes Buch die Wundärzte (s.u.) wirklich erreichte, mag offen bleiben. Es lässt jedenfalls ein hohes fachliches Niveau erkennen, das ohne anatomisch-medizinische Ausbildung und Praktizieren unter Anleitung eines Erfahrenen kaum praxisgerecht umzusetzen ist. Auch wenn mancher Wundarzt es auf dem Tisch hatte, bleibt fraglich, welchen Nutzen er daraus ziehen konnte.

Andere deutschsprachige Fachbücher gab es zwar einige, aber eben mit den von Heister erwähnten Mängeln. Heister nennt z. B. als Autoren für Chirurgie: *Schillhanß*, *Brunschwieg*, *Purmann*, *Petit*, *Hildanus*; für Instrumente: *Schmid*; für Bandagen: *Le Clerc*; für Hebammen-Kunst: *Völter*; für Steinschneiden: *Wiedemann*; für Augenkrankheiten: *Bartisch*.

Angeblich kosteten diese Bücher wenig, Heister rät allen praktisch tätigen Chirurgen zu ihrer Anschaffung. Außerdem empfiehlt er, *Chirurgische Disputationen* zu kaufen, die von den Universitäten herausgebracht wurden. Inwieweit dieser Rat beherzigt wurde, kann wiederum offen bleiben.

Nicht vergessen werden sollte jedoch, dass *Heisters* gewissermaßen umwälzendes Buch (mit mehreren aufeinander folgenden Ausgaben) seine große *Verbreitung erst fand, als die Zeit der Barockoper sich ihrem Ende zuneigte.* Wie es in den mehr als hundert Jahren zuvor um die Chirurgie bestellt war, bringt Heister selbst ja treffend zum Ausdruck.

Bei den damaligen Beschreibungen von Operationsverfahren ist es nicht immer sicher, ob es sich wirklich um Verfahren an Lebenden handelt, oder ob es eher Beschreibungen von Verfahren an Leichen sind (91). Auffällig ist jedenfalls, dass manchmal der postoperative Verlauf fehlt oder recht uniform klingt. Selbst bei Heister löst gelegentlich ein Verlauf Skepsis aus. *Bell* (6) weist noch 1804, nach detaillierter Schilderung seiner OP-Verfahren, auf deren große Gefährlichkeit beziehungsweise Letalität hin.

Als kleiner Exkurs sei ein Abschnitt des Hippokratischen Eides erwähnt:

»Lauter und redlich werde ich bewahren mein Leben und meine Kunst. Nie und nimmer werde ich bei (Blasen-)Steinkranken den Schnitt machen, sondern sie zu den werkenden Männern wegschieben, die mit diesem Geschäft vertraut sind.« (26) Was dann daraus wurde, bleibt freilich offen. Probleme mit Operationen scheint es jedenfalls schon immer gegeben zu haben.

Angemerkt werden kann noch, dass in Italien, anders als im deutschsprachigen Raum, an den Universitäten mehr seziert wurde, teilweise auch unter Beteiligung der Öffentlichkeit. Erste Sektionen in Bologna fanden bereits 1302 statt, in Leipzig um 1500. Jedoch dürfte die praktische Ausübung der Chirurgie in Italien nicht grundsätzlich verschieden von der in Deutschland gewesen sein, obwohl immer wieder die führende Rolle italienischer Chirurgen erwähnt wird. Die Aussagen *Heisters* lassen davon nichts erkennen (s. u.).

Die Ausbildung der Wundärzte

Im *außeruniversitären Bereich* gab es die *Wundärzte*. Sie rekrutierten sich aus den Zünften der *Bader* und *Barbiere*. Anfänglich hießen beide »Chirurgi«, wobei die Bader die »chirurgi impuri« und die Barbiere die »chirurgi puri« waren. Später bürgerte sich, wohl zur besseren Unterscheidung von akademisch gebildeten Chirurgen, für beide Zünfte zusammen immer mehr die Bezeichnung *Wundärzte* ein (80, 81).

Eine Zugangsmöglichkeit zu diesem Beruf bestand aus allen Bevölkerungsschichten. Meist war eine gute Schulbildung vorhanden. Nach einer anfänglichen Eignungsprüfung, bei der auch Lateinkenntnisse gefordert waren, musste eine 3-jährige Lehrzeit bei einem Meister absolviert werden. Ab dem 18. Jahrhundert konnte am Ende dieser Lehrzeit eine Prüfung stehen. Auf die Lehrzeit folgte die Gesellenzeit. Die Gesellen gingen, wie andere Handwerksburschen auch, auf Wanderschaft, die bei ihnen in der Regel 6 Jahre dauerte. Oft wurde diese Zeit als Feldscher beim Militär verbracht. Nach Abschluss der Wanderzeit stand vor der Zuerkennung des Bürgerrechts eine Meisterprüfung an, die anfänglich mit einem Meisterstück, beispielsweise der Anfertigung eines Pflasters oder einer Bandage, verbunden war. Im weiteren zeitlichen Verlauf wurde dann nur noch eine mündliche Prüfung abgelegt. Feldscherer umgingen oft die Meisterprüfung unter Berufung auf Prüfungen beim Militär (81, 82).

Die Medizinalordnungen forderten zwar als theoretischen Stoff Anatomie, Chirurgie, Physiologie und Kenntnisse in Bandagen; über wirkliche Prüfungsinhalte ist aber nichts bekannt. Je nach erzieltem Prüfungsresultat wurden die Meister in drei Klassen eingeteilt, wobei der ersten Klasse alle wundärztlichen Tätigkeiten erlaubt waren, die zweite und dritte Klasse unterlag Einschränkungen. Nach der Meisterprüfung stand den Wundärzten entweder ein weiterer Dienst beim Militär offen, oder sie konnten sich im zivilen Bereich niederlassen (81, 82).

Von diesem Ausbildungsgang gab es zum einen *regionale Abweichungen*, zum anderen *entzogen sich viele Wundärzte* jedem geordneten Ausbildungsgang, praktizierten auf einem *grauen Markt*, konnten auch *fahrend* sein (12). Viele Wundärzte erhielten das Bürgerrecht, ohne einen Meisterbrief zu besitzen.

Die Ausbildung der Wundärzte bei den verschiedenen Meistern der Wanderjahre war ganz handwerklicher Art, sie werden deshalb auch als »*Handwerkschirurgen*« bezeichnet (81). Die *manuellen Fähigkeiten* der Einzelnen waren sicher *unterschiedlich*.

Ein Wundarzt, den wahrscheinlich viele kennen, war Schillers Vater, *Johann Caspar* (1723-1796), der seine Meisterprüfung in seiner Lebensgeschichte erwähnt (83). Er war zunächst längere Zeit als Feldscher tätig und heiratete dann am 22. Juli 1749. »Vorher schon den 11t Julii wurde ich in Ludwigsburg von den beeden HEn Leibärzten Bilfinger und Gosner, im Beiseyn des Chirurgi Zänkers, examinirt, und nachher den 29t Septbr. in Marbach zum Bürger aufgenommen.« Für Georg Friedrich Händels Vater, *Georg* (1622-1698), der ja ebenfalls als Wundarzt tätig war, kann aus der Leichenrede auf ihn, in der von seinem Meisterstück die Rede ist, auf eine solche Meisterprüfung geschlossen werden.

Das legale *praktische chirurgische Tätigkeitsfeld* der Wundärzte erstreckte sich auf Bereiche wie Schröpfen, Aderlassen, Abszesseröffnungen, Einrenken von Luxationen sowie Geraderichten von Knochenbrüchen. Dazu kamen noch das Starstechen aus der Augenheilkunde sowie zahnheilkundliche Betätigungen. Außerdem noch das Rasieren (78, 80, 81, 82).

Fisteloperationen, Abtragen von Geschwülsten, Leistenbruchoperationen, (Harnblasen-)Steinschneiden oder Amputationen, auch der weiblichen Brust, gehörten zu den *riskanten* Operationen (27, 78, 80). Neben operativem Geschick sind profunde anatomische Kenntnisse notwendig, sollen dabei Erfolge nicht nur punktuell und zufällig sein. Solche Operationen blieben wohl meist Chirurgen wie Lorenz Heister vorbehalten. Inwieweit sie von ihren Schülern sachgerecht durchgeführt wurden, kann offen bleiben. Von Wundärzten wurden sie allenfalls auf einem *grauen Markt* unter hohen Risiken ausgeübt.

Insbesondere die *sesshaften Wundärzte* waren vorsichtig und *beschränkten sich auf das, was erlaubt und machbar war* (12, 78, 80, 81, 82). Insgesamt hielt sich die Anzahl der von ihnen durchgeführten Operationen in Grenzen (46). Für die Versorgung der Bevölkerung waren diese Wundärzte von hohem Wert, was besonders hervorgehoben werden soll.

Die *fahrenden Wundärzte* betrieben marktschreierische, schwindlerische aber billige »Chirurgie« und hatten deswegen an den Marktständen Zulauf vom einfachen Volk. An ihren Ständen fanden Bruchoperationen und Steinschneiden statt, möglicherweise auch andere Operationen, denen sie nicht gewachsen waren. Ihre Methoden waren oft grob-traumatisierend, können kaum als »operieren« bezeichnet werden. Zum Nachteil der leichtgläubigen, jedoch von ihrer schmerzhaften Krankheit getriebenen Klientel, die manchmal noch am Tag der »Operation«, welche auf dem Standtisch, in einem Keller oder auch im Wirtshaus durchgeführt wurde, verstarb. Anderntags waren die Verantwortlichen weg, konnten nicht mehr zur Rechenschaft gezogen werden. Ein *großer Teil der Patienten*, die sich solch größeren Operationen unterzogen, *verstarb* im weiteren Verlauf unter Qualen. Die Überlebenden hatten meist mit schweren Folgezuständen zu kämpfen (78).

»Der Quacksalber«. Buntes Treiben am Stand eines fahrenden Wundarztes. Hier war wohl alles andere als qualitativ fundierte Chirurgie im Gang. (SLUB Dresden/Deutsche Fotothek)

Obwohl es Bemühungen gab, die Wundärzte in eine Weiterbildung einzubinden (z. B. durch Teilnahme an chirurgisch-anatomischen Demonstrationen, Sektionen und Unterricht am Krankenbett), war die *zünftige Struktur* mit der *geringen Theoriegewichtung* aber *starken handwerklichen Betonung* bei völliger Unterordnung unter wechselnde Meister und deren Lebensordnung nicht mehr in der Lage, der sich beschleunigenden Verwissenschaftlichung des medizinischen Systems gerecht zu werden. *Hildanus* (42) mahnt die Wundärzte noch öfters eindringlich, ihr anatomisches Wissen zu verbessern, unterlässt es aber mitzuteilen, wie dies geschehen könnte.

Die sehr lange Ausbildungszeit war ineffektiv. Drei Jahre Lehrzeit wurden oft als billiger Hausknecht der Meisterfamilie verbracht. Die Wanderschaft war nicht selten aufgrund von Stellenmangel *eher mit Wanderzeit als mit Ge-*

sellentätigkeit ausgefüllt (81). Die Aneignung des zunehmenden theoretischen Wissens war so nicht zu bewältigen. Eine immer wichtiger werdende, patientenorientierte Ausbildung direkt am Krankenbett konnte auf diese Art nicht absolviert werden (47).

Dass die Wundärzte verschwunden sind, nimmt deshalb nicht Wunder. Sie waren zwar für eine Basisversorgung der Bevölkerung lange Zeit unentbehrlich, wurden von der aufkommenden neuzeitlichen Naturwissenschaft aber überrollt. Für diejenigen, die wollten, stand es jedoch offen, durch ein Studium die althergebrachten Wege zu verlassen und damit ihr Engagement für Patienten in einer erweiterten Form zur Anwendung zu bringen.

Zusammenfassend sehen wir, dass die lange Zeit bestehende Trennung in *Medizin* einerseits und *Chirurgie* andererseits, wobei die Chirurgie wiederum in universitär und außeruniversitär getrennt war, nicht gerade förderlich wirkte. Durch den zunehmenden Einfluss der Naturwissenschaften wurde diese Auftrennung dann langsam überwunden. Aber erst nach der Barockzeit nahm die Medizin einen wirklich entscheidenden Aufschwung hin zur modernen, naturwissenschaftlich geprägten Medizin, wie wir sie heute kennen und beanspruchen. Von dem nochmaligen, ganz wesentlichen Sprung seit Einführung digitaler Techniken in die Medizin brauchen wir hier nicht zu reden.

Barockzeitliche Verhältnisse negativ zu beurteilen wäre nicht richtig. Zeitbedingt war ein anderer Stand nicht möglich. Aber wie sollte bei diesem Stand der Medizin erfolgreich operiert werden? Im Grunde ein Ding der Unmöglichkeit. Es lässt sich nicht verkennen, dass für damalige Patienten viele folgenreiche Schwierigkeiten bestanden. Verschweigen lässt sich allerdings nicht, dass auch der modernen Medizin Probleme anhaften, die nicht ohne Auswirkungen auf die Patienten sind.

Die perioperative Situation

Die Untersuchung der perioperativen Situation versucht, *alle Vorgänge im Stoffwechsel* des Organismus zu erfassen, die vor einer Operation bestehen oder durch eine Operation ausgelöst werden. Die Physiologie befasst sich mit Abläufen im gesunden Organismus, während die Pathophysiologie Veränderungen unter Krankheitsbedingungen, auch Nachweismethoden dieser Veränderungen, untersucht (21, 65, 90). Alle *pathophysiologischen Veränderungen* der Stoffwechsellage, welche in der perioperativen Phase einer Operation entstehen können, *bedürfen der Korrektur* (17).

Eine Operation kann im Körper eine »Stressantwort« hervorrufen, beispielsweise durch *Schmerzreize* bei mangelhafter Narkose oder durch *Blut- und Flüssigkeitsverluste*. Es kommt zu vermehrter Renin- und Aldosteronsekretion mit Veränderungen im Bereich der Körperflüssigkeitsverteilung. Es können Ödeme entstehen, der Blutdruck kann steigen, Muskellähmungen können sich entwickeln (17, 84).

Schmerzreize können heutzutage durch Steuerung der Narkosetiefe völlig ausgeschaltet werden. *Blutverluste* und ihre Folgen sind durch schonende Operationstechniken vermeidbar. Eine genaue *Flüssigkeits-, Energie-, Nährstoff- und Elektrolytbilanzierung* mit korrigierender Infusionstherapie trägt wesentlich dazu bei, schädliche Folgen zu vermeiden. Solche pathophysiologischen Erkenntnisse waren *im Barockzeitalter kaum vorhanden* und konnten für chirurgisches Handeln wenig eingesetzt werden. So konnte es zu *Dekompensationen* des Organismus kommen.

Perioperative Interventionen (ohne dass sie wirklich so genannt werden könnten) während der Barockzeit *beschränkten sich* auf diätetische Maßnahmen wie Tees oder Suppen sowie auf Purgieren oder auch Aderlässe vor und nach der Operation. Von einer wirklichen, effektiven Flüssigkeits-, Energie-, Nährstoff- und Elektrolytbilanzierung war man weit entfernt. Purgieren, oft mit extrem toxischen Quecksilberverbindungen, war äußerst gefährlich. Gehäufte Aderlässe konnten durch *Schwächung* schweren Schaden anrichten. *Die Folgen für Operationen waren unabsehbar.* Auch das Immunsystem und damit die Infektionsabwehr waren beeinträchtigt.

Nun noch ein Beispiel aus der historischen Chirurgie (37), das (neben anderen) auch unter diesen Gesichtspunkten gesehen werden kann: Die bei Bruchoperationen vorkommende versehentliche Durchtrennung des Darmes versuchte man zu behandeln, indem der vom Magen herkommende

Teil des Darmes in die Bauchwand eingenäht wurde, sodass der von oben nachkommende Inhalt nach außen abfloss und nicht in die Bauchhöhle gelangte, wo er eine letale Peritonitis (Bauchfellentzündung) ausgelöst hätte.

Der Teil des Darmes, der von der Durchtrennungsstelle wegführte, wurde verschlossen und in den Bauchraum zurückgedrängt. Damit war das Problem der Peritonitis zunächst behoben, dafür war aber ein anderes schwerwiegendes Problem entstanden. Der Organismus verarmte zunehmend an lebenswichtiger Substanz, die ja nach außen abfloss, und dekompensierte auf diese Art früher oder später auf jeden Fall. Zuvor kam es aber nahezu unweigerlich schon zum Exitus, da die Peritonitis, wegen einer Infektion des Bauchfells beim Operieren, doch so gut wie unvermeidlich war.

Schauen wir nochmals auf das gesamte Kapitel zurück, so sehen wir, dass die damaligen Möglichkeiten nicht ausreichten, um ein sicheres Operieren zu gewährleisten. Viele für eine Operation wesentliche Dinge waren noch nicht bekannt, geschweige denn naturwissenschaftlich erforscht. Komplikationen konnten sich aus vielen Quellen speisen.

Zur Anatomie

Vor der eigentlichen Besprechung der jeweiligen Operationsverfahren erscheint es sinnvoll, die *anatomischen Gegebenheiten* deutlich zu machen (10, 74). Die Situation des Operateurs lässt sich damit besser verstehen. Um erfolgreich zu sein, muss sich der Chirurg unbedingt an die Anatomie halten und sein Vorgehen nach ihr ausrichten. Die nachfolgende Beschreibung geht von innen nach außen, also von der mikroskopischen zur makroskopischen Struktur.

Für medizinisch nicht Ausgebildete wird dieser Abschnitt einigermaßen schwer lesbar sein. Er kann Interessierten zum Nachschlagen dienen. Neben der Abbildung leistet ein anatomischer Atlas, wie er im Literaturverzeichnis angegeben ist, gute Dienste (74).

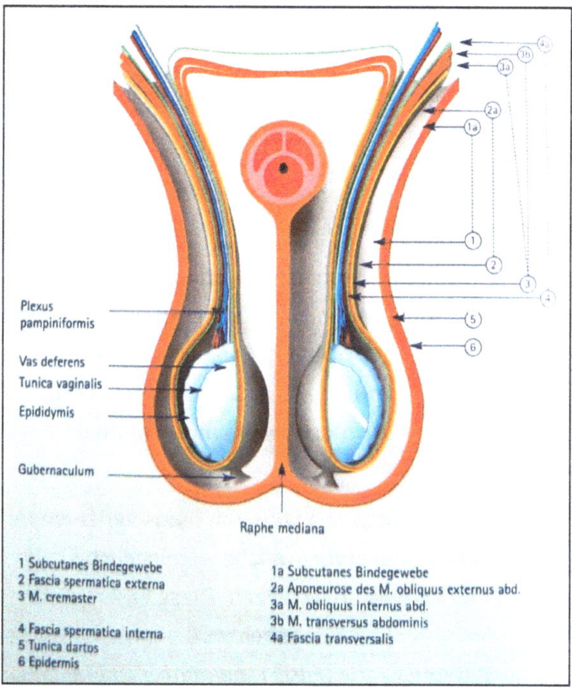

Graphische Übersicht der Strukturen im Skrotum (Walz, Hohenfellner, Necknig, 2007)

Die feingewebliche Struktur im Hoden (Testis) besteht aus nebeneinander liegenden, rundlichen Kanälchen, den *Tubuli seminiferi contorti*. An ihrer inneren Wand befinden sich die *Sertoli-Zellen*, von denen die Differenzierung und Reifung der Keimzellen bis zu den Spermien ausgeht. Man spricht von der *exkretorischen* Funktion des Hodens. Die Sertoli-Zellen sezernieren auch Flüssigkeit und halten mit dem dadurch bedingten Druck das Lumen (lichte Weite) der Kanälchen aufrecht.

Die zwischen den Tubuli gelegenen *Leydig'schen Zwischenzellen* produzieren Testosteron, 5-α-Dihydrotestosteron (DHT), Androsteron, Androstendion, 17-Hydroxyprogesteron, Progesteron und Pregnenolon. Hierbei spricht man von der *inkretorischen* Funktion des Hodens.

Das gesamte Hodengewebe wird umgrenzt von der derben *Tunica albuginea*. Die Tunica albuginea des Hodens wird umkleidet vom *Epiorchium* (*Lamina visceralis tunica vaginalis*), welchem das *Periorchium (Lamina parietalis tunica vaginalis)* gegenüberliegt. Dies sind feine, spiegelnde Häute, abstammend vom Bauchfell, welche das Gleiten des Hodens ermöglichen. Diese feinen Häute (Hodenhüllen) verkleben zwar nach Eröffnung schnell, sind aber, wenn sie eröffnet werden, ebenso wie das Bauchfell selbst, für bakterielle Infektionen anfällig.

Zwischen Epiorchium und Periorchium liegt als feiner Spalt das *Cavum scroti*. Beide Hoden sind durch eine bindegewebige Schicht (Raphe mediana) voneinander getrennt. Am unteren Pol ist das Periorchium des Hodens mittels des *Gubernaculums* fest in der Unterhaut verwachsen. Das Gubernaculum enthält Blutgefäße. Vom Hoden zieht der etwa fingerdicke Samenstrang (*Funiculus spermaticus*), unter Haut und Unterhaut (Tunica dartos) gelegen, zur Bauchhöhle.

Die Außenwand des Samenstrangs wird von längs verlaufenden Muskelfasern (*Musculus cremaster)* gebildet, welche vereinzelt bis zum Hodensack (*Skrotum*) ziehen und sich dort überkreuzen. Diese Fasern ziehen den Hoden bei ihrer Kontraktion nach oben. Umgeben wird der Musculus cremaster von einer inneren und äußeren Fascie (*Fascia spermatica interna* und *externa*).

Innen im Samenstrang verläuft mit derber Konsistenz der Samenleiter (*Ductus deferens*), der die Spermien vom Hoden über den Nebenhoden nach außen ableitet. Er enthält eine starke Muskelschicht, die ihm seine derbe Konsistenz verleiht.

Ebenfalls innen im Samenstrang verläuft eine größere Arterie (*Arteria testicularis)* zum Hoden, zu dessen Versorgung mit frischem Blut. Mit dem Samenstrang verlaufen noch die *Arteria cremasterica* zur Versorgung des Musculus cremaster sowie die *Arteria ductus deferentis* zur Versorgung des Ductus deferens mit frischem Blut, während andererseits venöse Blutgefäße (*Plexus pampiniformis)* das verbrauchte Blut, inkl. der hormonellen Syntheseprodukte, ableiten. Mit dem Samenstrang ziehen außerdem noch *Nerven* sowie *Lymphgefäße*, die neben der Lymphe auch Androgene ableiten.

Der Samenstrang durchdringt die Bauchwand von außen nach innen, schräg im 4-6 cm langen Leistenkanal (*Canalis inguinalis*). Die äußere Pforte (*Anulus inguinalis superficialis*) wird durch eine Öffnung in der Externusaponeurose, die innere Pforte (*Anulus inguinalis profundus*) durch eine Öffnung in der Fascia transversalis gebildet.

Die Hinterwand des Leistenkanals wird vom *Musculus transversus* und der *Fascia transversalis* gebildet, die Vorderwand vom *Musculus externus abdominis*. Unten bildet das *Ligamentum inguinale* und der *Musculus obliquus externus* die Begrenzung, oben der *Musculus internus* und *transversus abdominis* (10, 74).

Besonders gefährlich bei Eingriffen in der Leistenregion ist die *Corona mortis*, eine aberrante Arterie aus der *Arteria obturatoria* zur *Arteria epigastrica inferior*. Ihre Verletzung kann zu lebensgefährlichen Blutungen führen, was früher viele Opfer kostete. Der Name bringt dies drastisch zum Ausdruck.

Diese anatomischen Verhältnisse stellen also eine komplexe Situation dar, die für ein erfolgreiches operatives Eingreifen ihre genaue Kenntnis erfordert.

Soweit erkennbar, verfügte Lorenz Heister (s. u.) zum Teil, aber nicht vollständig sicher über dieses Wissen. Kein Wundarzt jedoch dürfte eine fundierte Vorstellung davon gehabt haben. Über die entsprechenden Auswirkungen wird noch zu reden sein.

Damalige Operationsmethoden unter der Lupe. Was bleibt übrig?

Am häufigsten werden in der Literatur (30, 36, 62) folgende Kastrationsverfahren genannt:

- Das Quetschen oder Zerdrücken beider Hoden
- Das Unterbinden der zuführenden Arterie bds.
- Die Penektomie
- Das Entfernen beider Hoden
- Das scharfe Durchschneiden des Samenstrangs bds.

Das Quetschen oder Zerdrücken beider Hoden

Das Resultat des Zerquetschens oder Zerdrückens wäre eine blutige Masse im Skrotum (Hodensack) gewesen, bis hin zur völligen Fragmentierung der Hoden (97). Um diese Wirkung zu erreichen, hätte jedoch extrem gequetscht werden müssen.

Da keine Blutstillung bei diesem Verfahren durchgeführt werden kann, entstünde ein großes Skrotalhaematom (Bluterguss im Hodensack). Von Verletzungen her weiß man, dass die Blutung oft erst durch den infolge ständigen Nachblutens zunehmenden Innendruck im Skrotum zum Stillstand kommt. Das Skrotum ist dann massiv geschwollen und schmerzhaft gespannt. Dieser äußerste Schmerz wird von Kindern als Vernichtungsschmerz erlebt. Es können Spannungsblasen auftreten, die platzen und sich infizieren können. Damit ist der Wundinfektion die Tür geöffnet.

Die enorme Schmerzanfälligkeit der Hoden ist hinlänglich bekannt; sie wird genutzt, um einen Gegner augenblicklich kampfunfähig zu machen. Wer wollte ca. 6- bis 9-jährigen Kindern eine derart barbarische Vorgehensweise zumuten?

Bei Kindern kann der starke, als vernichtend empfundene Schmerz, zusammen mit der dabei vorhandenen peritonealen (Bauchfell-) Reizung, zu einem paralytischen Ileus (Darmlähmung) und im weiteren Verlauf zu einem nicht mehr beherrschbaren Schockzustand mit Exitus führen. Eine ziemliche Gefahr also.

Sollte eine Quetschung *nur gering* sein, ist eine Erholung des Hodengewebes möglich, mit dann weiterer Produktion von Testosteron. Damit wäre die ganze Prozedur, was das Ausschalten der inkretorischen Funktion anbelangt, sinnlos; nur das traumatische Schmerzerlebnis würde bleiben.

Insgesamt gesehen kann man davon ausgehen, dass dieses obskur erscheinende Verfahren bei Kindern nicht angewendet wurde. Allenfalls als Kastrationsversuch bei Tieren wäre es vorstellbar.

Das Unterbinden der zuführenden Arterie bds.

Eine Unterbindung der Arterien des Samenstrangs wirft bezüglich der Durchführung Fragen auf. Wie sollte dies vonstattengegangen sein?

Eine mögliche, chirurgisch aber höchst *zweifelhafte Methode* wäre, einen Faden mit einer Nadel am oberen Hodenpol von *außen durch die Haut ein- und auszustechen und dann zuzuziehen*. Dies würde auf jeden Fall unter unsterilen Verhältnissen geschehen. Bakterien würden in die Tiefe verschleppt. Auch könnten entlang des Fadens ständig Bakterien von außen nachgesaugt werden und sich in der Tiefe vermehren. Eine Infektion mit allen Komplikationsmöglichkeiten wäre wahrscheinlich.

Eine derartige Unterbindung wäre aber auch kaum wirkungsvoll. Wenn *die Arterien* zusammen mit Haut, Unterhautgewebe und dem gesamte Samenstrang *in einer solchen Massenligatur eingebunden werden*, können sie sich wieder durchwühlen und den Hoden weiter mit Blut versorgen. Der Hoden stirbt dann nicht ab. Die Prozedur wäre sinnlos.

Fraglich ist auch, ob ein solcher Unterbindungsversuch ohne Verletzung eines Blutgefäßes in der Tiefe, egal ob Arterie oder Vene, vonstattengehen kann. Bei Verletzung eines Blutgefäßes kann es zu einem komplikationsbehafteten Skrotalhaematom kommen.

Dass als andere, chirurgisch bessere Möglichkeit zunächst ein Hautschnitt zur Freilegung der Arterie angelegt wird, um sie dann »lege artis« zu unterbinden, erscheint für barockzeitliche Verhältnisse wenig realistisch, zumal dazu auch der Samenstrang hätte eröffnet werden müssen. Das Verfahren ist für damalige Verhältnisse operationstechnisch zu kompliziert. Es findet sich in der medizinhistorischen Literatur auch keine entsprechende Beschreibung. Technisch anspruchsvoll hätte es, wegen der Besonderheit der kindlichen Anatomie, eine hohe Versiertheit erfordert. Ganz abgesehen von sonstigen Risiken, wie beispielsweise der Infektionsgefahr.

Eine pauschale Unterbindung des zuvor freigelegten Samenstrangs ist ebenfalls kritisch zu sehen. Die Ligatur müsste schon von einem erfahrenen (auch anatomisch kundigen) Operateur sehr subtil, im richtigen Maß des Zuziehens, angelegt werden, um effizient zu sein. Wird zu wenig zugezogen, wühlt sich die Arterie wieder durch. Wird (z. B. unter Zeitdruck) zu sehr zugezogen, durchschneidet der Faden bei der zarten kindlichen Anatomie möglicherweise alles, und es blutet sehr stark. Außerdem gab es nicht die heutigen Instrumente, mit denen so etwas relativ einfach zu bewerkstelligen ist. Das Ganze wäre vermutlich eine ziemliche Manipulation, mehr mit den Händen, gewesen. Mit allen Gefahren. Waren damalige Wundärzte, bei ihren Ausbildungsverhältnissen, dem gewachsen?

Alles in allem also eine äußerst zweifelhafte Sache. Kaum vorstellbar, dass auf diese Art vorgegangen wurde.

Die Penektomie

Die chirurgische Abtrennung des Penis ist eine schwierige Operation und hat mit der Ausschaltung der Testosteronproduktion gar nichts zu tun. Sie wird noch wesentlich schwieriger, wenn gleichzeitig die Hoden zur Testosteronausschaltung mit entfernt werden sollen. Da diese Operation während des genannten Zeitraums nicht sachgerecht möglich war, braucht nichts weiter dazu gesagt zu werden. Sie wird in der historischen Literatur auch nirgends beschrieben.

Es kommen also nur 2 Methoden, nämlich das Entfernen beider Hoden sowie das scharfe Durchschneiden des Samenstrangs beidseitig näher in Betracht für eine Kastration während der Barockzeit.

Das Entfernen beider Hoden

Das heutige Vorgehen

Wie schwierig eine Hodenentfernung (Orchiektomie) ist, sieht man am besten, wenn man sich die **heutigen Operationsarten** dafür anschaut. Vor der Besprechung der damaligen Operationsverfahren wird deshalb zuerst noch auf diese eingegangen. Der Zugang zum Hoden kann über die Leiste oder über das Skrotum erfolgen. Wir kennen eine Hodenentfernung ohne Eröffnung der Hüllen oder mit Eröffnung der Hüllen. Je nach unterschiedlicher Indikation, *die hier aber keine Rolle spielt*, gibt es drei Varianten (43, 98, 100).

Zunächst sei die »*Plastische Orchiektomie mit skrotalem Zugang*«, also mit Hautschnitt am Skrotum und Eröffnung der Hüllen, beschrieben:

Das Skrotum wird in der Mittellinie längs eröffnet. Man trifft auf die Fascia spermatica interna und die Lamina parietalis der Tunica vaginalis. Diese werden längs ***eröffnet*** *und umgeschlagen. Dann werden Lamina visceralis der Tunica vaginalis und Tunica albuginea längs eröffnet. Der Hoden wird dann stumpf, unter Belassung des Nebenhodens und der Hodenhüllen, aus der Tunica albuginea herausgeschält und abgetrennt.* ***Umstechungsligatur*** *der Gefäße und des Stumpfes. Schichtweiser Wundverschluss (98).*

Das zweite Verfahren, welches ebenfalls den Zugangsweg durch das Skrotum nimmt, die Hüllen aber nicht eröffnet, ist die »*Mediane transskrotale Orchiektomie*«:

Hierbei wird das Skrotum in der Mittellinie eröffnet, dann wird in der Raphe mediana quer weiterpräpariert, um die Gefäße zu schonen. Der Hoden wird aus dem Skrotalfach gedrückt. Das ***Gubernaculum*** *wird elektrochirurgisch durchtrennt. Dann wird der* ***Samenleiter gefasst und abgeklemmt, anschließend der restliche Samenstrang****. Sodann wird der Hoden abgetrennt.* ***Samenleiter und Samenstrang werden getrennt einzeln unterbunden****. Dann wird auf der anderen Seite gleich weiterverfahren. Beide Skrotalfächer werden zusammen vernäht. Weiterer schichtweiser Wundverschluss (98).*

Das dritte Verfahren, *die »Ablatio testis mit inguinalem Zugang«*, nimmt den Zugang nicht über das Skrotum, sondern eröffnet mit einem Schnitt die Leiste. Die Hüllen werden dabei nicht eröffnet:

Nach dem Hautschnitt queres Weiterpräparieren, um Gefäße zu schonen. Dann Darstellen des äußeren Leistenrings und des Samenstrangs. Eröffnung der Externusaponeurose in Faserrichtung. Freipräparieren des Samenstrangs von kranial. Der kranial verlaufende Nervus ilioinguinalis wird angezügelt. Der Samenstrang wird dann von caudal und dorsal her weiter freipräpariert und isoliert und angeschlungen. Dann wird der Hoden aus dem Skrotalfach hervorluxiert. Das ***Gubernaculum*** *wird koagulierend durchtrennt. Der Samenstrang wird sodann bis zum inneren Leistenring weiter freipräpariert.* ***Samenleiter und Samenstranggefäße werden voneinander getrennt****. Samenleiter und übriger Samenstrang mit Gefäßen werden abgeklemmt und durchtrennt.* ***Jetzt werden Samenleiter und Samenstranggefäße getrennt ligiert****. Die Externusaponeurose wird verschlossen. Subcutannaht. Hautnaht (98).*

Die erste Operation ist kompliziert und war in der Barockzeit sicher nicht machbar.

Der wesentliche Punkt der beiden letztgenannten Operationen ist der, dass am ***oberen Hodenpol*** *zur sicheren Blutstillung der Samenleiter vom übrigen Samenstrang (samt seinem weiteren Inhalt) getrennt wird. Erst dann findet eine getrennte Unterbindung von beiden statt. Getrennt werden müssen beide, weil bei einer gemeinsamen Ligatur der Samenleiter sich mit seiner starken Muskulatur sonst daraus zurückziehen kann. Dann würde Raum frei werden für die Arterie(n), die dann weiter bluten könnte(n).*

*Am **unteren Hodenpol** muss das Gubernaculum zur sicheren Blutstillung elektrisch koagulierend durchtrennt werden.*

Beide Arten der Blutstillung waren Operateuren im fraglichen Zeitraum unbekannt. Sie haben es genau daran fehlen lassen. Eine sichere Blutstillung war damals nicht vorzunehmen.

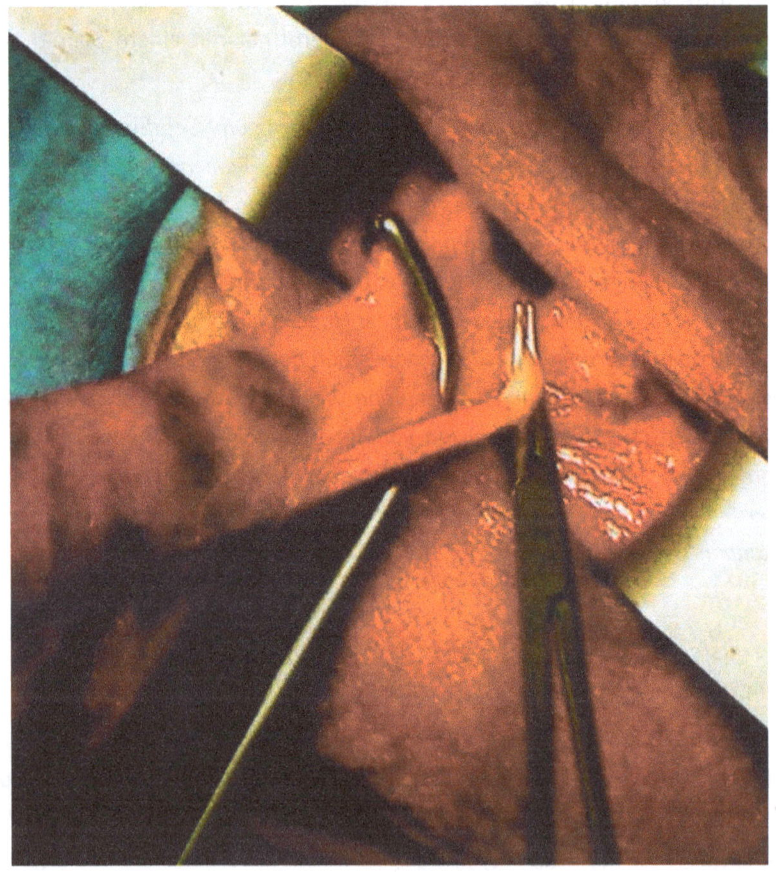

»Mediane transskrotale Orchiektomie«: Die rechte Klemme enthält den Samenleiter. Gut zu erkennen ist seine stark muskuläre Wand. Die linke Klemme enthält den davon getrennten restlichen Samenstrang, samt weiterem Inhalt. Beide werden getrennt voneinander unterbunden. So lässt sich eine sichere Blutstillung erreichen. (Walz, Hohenfellner, Necknig, 2007)

Es gibt *bei allen heutigen Arten* der Hodenentfernung bestimmte ***technische Risiken***, auf die in den Operationslehren hingewiesen wird (98). Sie stellen *besondere Gefahrenquellen* dar und sollen deshalb hervorgehoben werden. Werden diese Gefahren nicht vermieden, kann es zu erheblichen Störungen kommen:

Sterilität ist notwendige Voraussetzung und muss wegen der Infektionsgefahr absolut eingehalten werden. Sofort nach dem Einschnitt kann es zu *Sickerblutungen* aus **kleinen** Hautgefäßen kommen, die exakt gestillt werden müssen. Sie können sonst das gesamte Skrotum durchsetzen. Sehr wesentlich ist auch die **größere** arterielle Blutstillung mittels *Trennung* von Samenleiter und Samenstrang. Generell gilt, dass eine *nicht sorgfältig gebundene Gefäßligatur* sich lockern kann und es zu einer *Nachblutung* kommen kann. Blutungen sind dann oft der Ausgangspunkt für *Wundheilungsstörungen*. Das *Gubernaculum* muss wegen der Blutstillung elektrisch verschorfend durchtrennt werden. (Zur Erinnerung: Das Gubernaculum ist eine Blutgefäße beinhaltende Struktur, die den Hoden in der Unterhaut verankert und seinem Herausnehmen Widerstand entgegen setzt; s. Grafik Seite 37).

Das damalige Vorgehen

In der barockzeitlichen medizinischen Literatur finden sich Schilderungen von Hodenentfernungen durch mehrere Autoren. Allerdings beziehen sich diese auf eine nur einseitige Hodenentfernung.

Weil er am klarsten und anatomisch am sichersten erscheint, sei *Lorenz Heister*, der damalige berühmte Anatom, Chirurg und Botaniker, angeführt. Bei der zunächst folgenden Darstellung handelt es sich allerdings erst einmal um eine *Bruchoperation*. Sie enthält aber interessante Informationen, weshalb wir uns kurz damit befassen wollen.

In seinen »*Wahrnehmungen*« (38) erinnert sich Heister an einen fahrenden Chirurgen, der 1700 in Frankfurt anlässlich der Ostermesse bei einem 9-jährigen Knaben mit einem »Darmbruch« (aus heutiger Sicht am ehesten ein indirekter, evtl. angeborener Bruch mit Vorfall von Darmschlingen bis ins Skrotum) eine Operation mit Zurückdrängen der Darmschlingen und Unterbindung des Samenstrangs sowie anschließender Abtrennung des Hodens durchgeführt habe. Der Hoden sei unter großen Schmerzen des Knaben aus dem Skrotalfach herausgezogen worden. (Also wohl ohne Durchtrennung des *Gubernaculums* sozusagen »*herausgerissen*«).

Bei diesem *fahrenden Chirurgen* könnte es sich, nebenbei bemerkt, um *»Doctor Eisenbarth«* gehandelt haben, der während dieser Ostermesse in der Gastwirtschaft von Heisters Eltern gewohnt haben könnte (79). Er würde dann allerdings bei Heister nicht im besten Licht erscheinen. In seiner »*Chirurgie*« (37) wettert Heister mehrfach dagegen, dass fahrende Marktschreier und Bruchschneider bei allen Arten von Bruchoperationen den Hoden mit »*herausreißen*«. Dass dies neben dem Abreißen des Gubernaculums am unteren Pol auch das Abreißen des gesamten Samenstrangs am oberen Pol bedeuten kann, ist möglich. Heister selbst lehnt das Entfernen des Hodens bei Bruchoperationen strikt ab, verwendet eine hodenerhaltende Methode.

Auch *Scultetus* (87) warnt in seinem Buch vor dem Mitherausnehmen des Hodens bei Bruchoperationen, sieht es ebenfalls als äußerst gefährlich an. Er schreibt, übrigens auch wie Heister, *nichts* von einer Operation im Sinne des scharfen Durchschneidens der Samenstränge.

Da es sich bei der obigen Schilderung um eine *Bruchoperation* handelt, um die es bei unserem Thema aber nicht vorrangig geht, verlassen wir dieses Gebiet der Chirurgie und wenden uns jetzt der eigentlichen Hodenentfernung zu.

Während der Barockzeit wurde dabei von anatomisch und chirurgisch Erfahrenen offensichtlich der Weg mit Zugang durch die Leiste, ohne Eröffnung der Hüllen, genommen. Die *anatomisch nicht ausgebildeten Wundärzte* waren dieser Operation kaum gewachsen und konnten sie nicht sachgerecht ausführen.

Schauen wir uns also weiter bei Lorenz Heister um:

Zu einer »Castration« äußert er sich nur in einer einzigen, ganz besonderen Situation, in seiner »Chirurgie« (37) im Kapitel: »Von den falschen Bruechen, und zwar erstlich vom Fleischbruche«. Dieser Fleischbruch ist aber kein eigentlicher »Bruch«, sondern ein Hodenkrebs.

Da der Krebs nicht anders behandelt werden kann, rät Heister, *quasi ausnahmsweise*, zum Entfernen des Hodens. Er weiß offensichtlich um die Gefährlichkeit dieser Operation. Wie oft er sie wirklich ausgeführt hat, kann dabei offen bleiben. Mit seinem Verfahren scheint er der »Ablatio testis mit inguinalem Zugang« auf den ersten Blick nahe zu kommen. Über den Originaltext erschließt sich, wie zu jener Zeit operiert wurde:

Eine zur Barockzeit ausgeführte Hodenentfernung durch Lorenz Heister (1683-1758)

Das 121. Capitel.

von den falschen Bruechen, und zwar erstlich

vom Fleischbruche.

»3. Wenn aber durch den Gebrauch dieser oder anderer dergleichen zertheilenden Medicamenten die Geschwulst sich nicht wollte vermindern, sonder vielmehr wachsen, Schmerzen entstehen, und gar ein Krebs zu befürchten sey, so ist keine andere Cur zu hoffen, als dass man den Testiculus beyzeiten ausnehme, damit das krebsige Wesen nicht in den Leib hinaufsteige, und dadurch der Schaden unheilbar werde: gleichwie *Wepferus* observieret. Es wird diese Operation die Castration genannt, und dergleichen operirte Castraten, sonderlich, wenn beyde Testiculi ausgeschnitten, daher solche Leute alsdenn zum Kinderzeugen ganz untüchtig werden.

4. Bey dieser Operation aber muß man fast verfahren, wie bey dem Bruchschneiden beschrieben worden; nur dass man in Ausnehmung des Testiculi behutsam verfahre, als die gemeinen Bruchschneider, und denselbigen nicht soviel ausreisse als vielmehr mit einem Messer oder Schere behutsam abseparire, wo er sehr fest anhangt: vorher aber doch, um die Schmerzen zu mindern, oben am Bauche die *Vasa spermatica*, nachdem vorher ein Tüchlein darum gewunden, wohl binde, selben hernach abschneide, und die Wunde auf eben solche Manier, als andere Brüche, curire.

Oder, weil ungeacht des Bindens nach dem Abschneiden des *Testiculi* die Saamenadern oft sehr stark anfangen zu bluten, und ein Patient sich wohl gar zu tode bluten könnte, halten einige vor besser zu seyn, den *Testicul* nicht gleich abzuschneiden, sondern die Saamenadern entweder zweymal zu unterbinden oder nur anfangs, nachdem von dem *Scroto* separiret, und einige Tage zu warten, bis der *Testicul* anfange zu faulen, da man ihn alsdann mit mehrerer Sicherheit abschneiden kann. Wenn er aber nicht bald welk wird, so ist er nicht fest genug gebunden, welches man dahero schärfer anziehen muß. *Le Dran* rathet auch die Adern mit einer Nadel und doppelten Fäden zu unterstechen, und hernach auf beyden Seiten zu binden, so würden sie so leicht nicht bluten. Und eben des Blutens halben hat *Fabric. ab Aquapendente*, nachdem er den Testicul abgeschnitten, die Saamenadern gebrannt.

In diesem Bruche also soll man die Castration zulassen: dieweil man denselben auf keine andere Manier curiren kann. Es lehren einige *Auctores*, man soll in Bindung der Saamenadern vorher die Nerven von selbigen separiren, damit keine *Convulsiones* durch das Binden derselben mögen verursacht werden. Es ist aber dieses separiren unmöglich; weil diese kleinen Nerven zu sehr mit den Saamenadern verwickelt sind, auch deßhalben nicht leicht Convulsiones entstehen, wo selbige aber kommen, entstehen sie vielmehr vom heftigen Ausreissen des Hodens, wie solches die Marktschreyer gemeiniglich zu thun pflegen. Man soll unter den Faden eine kleine Compresse legen, und den *Testicul* eine Handbreit unter dem Binden abschneiden.

5. Wenn eine Auswachsung am Testiculus, welche schmerzhaft, und durch Medicamente sich nicht wollte vertheilen lassen, der Testiculus aber noch gesund, kann man nach Eröfnung des *Scroti* manchmal nur die Crerescenz wegschneiden, und den Testiculus erhalten : wenn aber dieselbe allzufest mit dem Testiculus verwachsen, oder wegen heftiger Schmerzen oder anderen Umstände nicht könnte abgesondert werden, muß man entweder ein Stück von dem Testiculus mit wegnehmen, oder den Testiculus zugleich, als wie vorher gesaget, ausschneiden; auch kann man die übrig gebliebene Haut mit der Schere wegschneiden, so heilet die Wunde desto eher, welche man hernach zum ersten mal mit Carpie, Compressen, und der Spica inguinalis verbindet. Nachgehends aber, um die Entzündung zu verhüten, als welche nach dieser Operation zu Zeiten sehr stark wird zertheilende Umschläge überbinden, und wenn sich die Entzündung wieder gelegt, mit Digestiv und Wundbalsam, als bey einem andern geschnittenen Bruche, die Wunde zuheilen.«

Kurz zusammengefasst empfiehlt Heister, nach dem Einschnitt in der Leiste den Samenstrang zu unterbinden und danach den Hoden (ohne Eröffnung seiner Hüllen) abzuschneiden, wobei er vermutlich das *Gubernaculum* scharf durchtrennt.

Heister erwähnt auch *Le Dran* (einen Franzosen), der rät, mit Nadel und doppeltem Faden die (Blut-)Gefäße zu unterstechen und dann abzubinden; damit sei die Blutungsgefahr geringer. Außerdem nennt er *Fabricius ab Aquapendente* (einen Italiener), der zum »*brennen*« (Ausglühen mit dem heißen Eisen) der Samenadern rät.

Der Ratschlag, bei einer solchen Operation die Gefäße zu unterstechen und abzubinden, ist zwar sinnvoll, lässt aber Zweifel aufkommen. Ein unbetäubter Patient, von Helfern gehalten, wird sich schmerzbedingt wehren und damit das Ganze zusätzlich zu einem Risiko werden lassen. Oder er ist ohnehin schon in Ohnmacht gefallen und dadurch gefährdet. Vor allem ist aber zu fragen, wer eine solche Technik, die damals erst im Entstehen war, wirklich beherrschte. Sicher kein Wundarzt.

Der Rat zum Ausglühen ist skeptisch zu betrachten. Den aus dem Skrotum vorgezogenen und dann abgeschnittenen Samenstrang mit einem Brenneisen zu glühen, um die Blutung zum Stillstand zu bringen, erfordert neben technischer Versiertheit schon auch eine gewisse Abgebrühtheit. Außerdem besteht Nachblutungsgefahr nach Abfallen des Schorfs. Heister rät aus gutem Grund davon ab.

Blutstillung mittels Brenneisen. Die Flammen im Kessel unterstreichen die martialische Methode. Verschiedene Brenneisen am oberen Bildrand. (Gerstdorff, 1517)

Das Entfernen beider Hoden im Vergleich zwischen damals und heute

Die barockzeitliche Schilderung einer Hodenentfernung durch *Lorenz Heister* liefert hervorragendes Anschauungsmaterial. An ihr lässt sich untersuchen, was damals geschah, hinsichtlich der heute so wichtigen allgemeinen ***operationsrelevanten Faktoren*** (s. S. 13) und der ***technischen Risiken*** (s. S. 47), wie sie heute beim Entfernen der Hoden bekannt sind:

Heister schenkt der praeoperativen Situation einige Beachtung. Er spricht in seinem Buch davon, dass eine »*üble Konstitution*« des Patienten schädlich sei. Er kann allerdings so gut wie nichts zu ihrer Verbesserung tun, höchstens kann er eine *Kontraindikation gegen* die Operation formulieren; d. h. sie im Zweifelsfall gar nicht durchführen. Was bei einer Voruntersuchung des Patienten in Verbindung mit einer Erhebung der Krankheitsvorgeschichte an *verborgenen Erkrankungen* aufgedeckt werden konnte, ist fraglich. Eine vorbestehende Schädigung beziehungsweise eine schlechte Immunlage sind also möglich (und damit eine *Wundheilungsstörung)*.

Die fehlende Narkose soll durch Festhalten beziehungsweise Lagerung mit Anbinden des Patienten ersetzt werden, was mit Sicherheit zu schmerzbedingten, reflexhaften Abwehrbewegungen führt. Jeder Schnitt und jede Aktion des Chirurgen werden damit unsicher und beschwören eine *Verletzungsgefahr* herauf. Der Chirurg ist zu schnellstem, risikoreichem Vorgehen gezwungen. Sollte der Patient, infolge unerträglicher Schmerzen, *ohnmächtig* werden, droht ihm in der angewandten Rückenlage der alsbaldige *Tod durch Atemstillstand* wegen zurückfallender Zunge. *Aspiration von Erbrochenem* (in die Atemwege gelangtes Erbrochenes) bei Bewusstlosigkeit kann tödliche Auswirkungen haben.

Eine Antisepsis/Asepsis war damals unbekannt und wird erst gar nicht in den Blick genommen. Das Operationsfeld und die Instrumente werden *nicht sterilisiert oder keimreduziert*; von den Händen oder der Umgebung ganz zu schweigen. Alle weiteren Maßnahmen mit unsterilen Händen und Instrumenten bringen (multiple) Keime ins Operationsfeld.

Infolge wenig scharfer Messer entstehen *Mikrogewebezerstörungen mit einem Gewebeödem* und damit eine der ersten Ansiedlungsmöglichkeiten für Keime. Für Unterbindungen werden *keimbelastete Fäden* verwendet. Der entsprechend unsterile Unterbindungsknoten wird mit dem Samenstrangstumpf nach *oben-innen* zurückgezogen. Außerdem wird ein *unsteriles Leinenläppchen* mit eingebunden. Das Offenlassen der Wunde, um den Hoden einige Tage abfaulen zu lassen, ist riskant. Zwar kann Wundsekret abfließen, bei liegendem Ligationsfaden aber, der sogar noch nachgezogen werden soll (Keime an den Händen), ist eine *Infektion* so gut wie sicher. Die *unsteril eingebrachte Carpie*, zusammen mit Wundbalsam, in das vom Hoden befreite, leere Skrotalfach, tut ein Übriges. Mit schweren (Misch-)Infektionen ist zu rechnen.

In puncto Ausbildung zählt Heister als Anatom und Chirurg für seine Zeit zwar fraglos zu den Besten. Er stellt zeitbedingt richtige Diagnosen, schlägt entsprechende, angemessene Operationsverfahren vor, benennt Gefäße und andere Strukturen richtig.

Allerdings werden auch bei ihm *Blutungen aus Hautgefäßen nicht gestillt. Diffuse Sickerblutungen* im gesamten Operationsfeld bleiben ebenfalls ungestillt. Wischen mit unsterilen Schwämmen bringt diese Blutungen nicht zur Ruhe, fördert dagegen die Infektionsgefahr stark.

Die pauschale Ligatur des Samenstrangs, ohne Trennung zwischen Samenleiter und restlichem Samenstrang mit seinen Gefäßen, beinhaltet die große Gefahr von Nachblutungen. Prompt spricht Heister davon, dass es »*ungeacht des Bindens*« *(Unterbindens)* »*oft sehr stark anfange(n) zu bluten*«. Eine lebensgefährliche Komplikation.

Heister verweist auf das notwendige scharfe Abschneiden des Hodens, »*wo er sehr fest anhangt*«. Dies ist vermutlich als Hinweis auf die Behandlung des *Gubernaculums* zu verstehen. Es besteht dabei aber Blutungs- beziehungsweise *Infektionsgefahr*.

Bleibt noch zu erwähnen, dass in der perioperativen Situation mit einer *Stressantwort* des Organismus, mit Hyperaldosteronismus und Flüssigkeitsverschiebung zu rechnen ist, die *nicht wirklich ausgeglichen* wurde (z. B. mit einer Infusionstherapie). Dies kann zur *Dekompensation* des Patienten beitragen, besonders wenn noch Vorerkrankungen bestehen.

Heister empfiehlt vor und nach Operationen Kräutertees oder auch eine stärkende Suppe, bei ansonsten schonender Kost. Dies geht zwar in die richtige Richtung, um Flüssigkeitsverschiebungen zu korrigieren, wird aber durch das gleichfalls empfohlene, der Operation vorangehende und auch nachfolgende drastische Purgieren sowie einen eventuellen Aderlass mit Schwächung des Patienten wieder *mehr als zunichte* gemacht.

Leider muss man somit sagen, dass ein Patient, der auf diese Art operiert wurde, trotz anatomischer Kenntnisse und technischer Fertigkeiten des Operateurs, keine guten Chancen zum Überleben hatte. Erst recht hatte ein Patient schlechte Aussichten bei den weniger gut ausgebildeten (fahrenden) Wundärzten.

Eine weitere, damals denkbare Methode der Hodenentfernung ist, den Hoden statt durch die Leiste durch das Skrotum herauszuholen, zunächst bei geschlossen bleibenden Hüllen. Ähnlich etwa der »medianen transskrotalen Orchiektomie«, allerdings mit seitlichem Schnitt.

Damals gab es für eine derartige Operation jedoch keinen Grund, außer eventuell einer Kastration. Diese war aber verboten. Inwieweit die Operation jemals durchgeführt wurde, muss also offen bleiben.

Von sesshaften Wundärzten, die sich an das Erlaubte hielten, wurde sie sicher nicht durchgeführt.

Wäre sie von fahrenden Wundärzten auf einem grauen Markt ausgeübt worden, hätte sie unter unguten Bedingungen stattgefunden. Was dabei genau vor sich gegangen, wäre wissen wir nicht. Die individuell unterschiedlichen Fähigkeiten des Einzelnen wären stark ins Spiel gekommen, ebenso die Situation an den Marktständen. Zu denken wäre auch daran, was das von Heister genannte »Herausreißen« bedeuten kann (s. S. 50). Sowohl Gubernaculum als auch Samenstrang können einfach abgerissen worden sein.

Wären alternativ die Hodenhüllen (Fascia spermatica interna und Periorchium) geöffnet, dann der Samenstrang unterbunden und der Hoden abgetrennt worden, wären die Bedingungen auch nicht viel anders gewesen.

Die ganze Operation wäre eher eine Manipulation mit den Händen gewesen, als dass sie als »Operation« hätte bezeichnet werden können. Sowohl die operationsrelevanten Faktoren (s. S. 13), als auch die technischen Risiken (s. S. 47) hätten sich negativ ausgewirkt. Das Operationsrisiko wäre kaum wesentlich geringer gewesen, als bei der Hodenentfernung Heisters (s. S. 44).

Abschließend können wir noch etwas zu Tierkastrationen sagen.

Aus heutiger Sicht ist bei *Katzen* eine Kastration wohl am einfachsten, da es sehr schnell zu Verklebungen der Hodenhüllen kommt (20). Bei *Hunden* ist die Sache schon mit deutlich mehr Komplikationen behaftet, da genäht werden muss. Bei *Schweinen* wird wegen der Infektionsgefahr oft ein antibiotischer Schutz durchgeführt. Trotzdem besteht eine deutliche Komplikationsrate. Besonders risikoreich ist die Kastration von *Pferden,* so dass Tierärzte eine solche Operation nur vornehmen, wenn sie über einen speziellen Versicherungsschutz verfügen (20, 28). Schon zwischen verschiedenen Tierarten herrschen also unterschiedliche Bedingungen. Erst recht können keine Vergleiche zum Menschen gezogen werden.

Das scharfe Durchschneiden des Samenstrangs bds.

Von dieser Methode wird allgemein angenommen, sie sei die am häufigsten angewandte gewesen (Stichwort: »evviva il coltellino«). Dies findet bekanntermaßen sowohl im Film (19) als auch in der schönen Literatur (76) seinen Niederschlag. Auch Theaterstücke befassen sich mit dem Thema (64).

Es sei jedoch an dieser Stelle darauf hingewiesen, dass sich in der medizinhistorischen Literatur des genannten Zeitraums keinerlei Schilderungen dieser Operation finden.

Obwohl also barockzeitliche Darstellungen fehlen, gelten für eine eventuelle Operation dieser Art doch bestimmte chirurgisch-anatomische Gesetze, *die hätten berücksichtigt werden müssen* und aus denen man sich den *möglichen Ablauf der Operation* erschließen kann.

Der Gedanke bei dieser Operation ist ja, die Arterien (vor allem die A. testicularis) zu durchtrennen, um den dann nicht mehr mit Blut versorgten Hoden funktionslos werden zu lassen und damit insbesondere die inkretorische Funktion des Hodens (die Hormonproduktion) auszuschalten.

Die Arterien können jedoch nicht einfach so, von außen her (*mit dem Messerchen*) **durchschnitten werden.** Das bloße Durchschneiden der A. testicularis, *ohne sie vorher zu unterbinden*, hätte katastrophale Folgen. Es würde ein Blutbad mit vielen Komplikationsmöglichkeiten angerichtet. Auch die beiden anderen Arterien (*A. ductus deferentis* und *A. cremasterica*) sind ja noch vorhanden und können bluten.

Um eine massive Blutung zu vermeiden, müsste also **vor dem Durchschneiden** *eine Unterbindung angelegt werden.* Wie aber sollte dies geschehen? Es müsste entweder durch die Haut von außen eingestochen oder die Arterie freigelegt werden. Oder der Samenstrang müsste wenigstens unterbunden werden. Es wäre dieselbe Problematik wie bei der *oben geschilderten* fragwürdigen Operationsmethode des *Unterbindens der zuführenden Arterie*.

Eine Blutstillung aber erst **nach dem Durchschneiden** vornehmen zu wollen, ist sehr schwierig, weil sich die Arterien aufgrund ihrer Muskulatur ins Gewebe zurückziehen können und nahezu unauffindbar darin verschwinden können. Dort können sie sich zwar kontrahieren (zusammenziehen) und zunächst aufhören zu bluten. Wenn aber die Kontraktion sich nach einiger Zeit wieder löst, blutet es umso mehr, weil die Arterienmuskulatur dann erschlafft ist und es überhaupt nicht mehr aufhört zu bluten.

Es gelingt nur versierten Operateuren, solche zurückgezogenen, im Gewebe verschwundenen Arterien eventuell wieder aufzufinden und zu unterbinden. Von damaligen Wundärzten war so etwas nicht zu erwarten.

Diese wichtige *Frage der Blutstillung* wird bei allen Erwähnungen von Kastrationen »mit dem Messerchen« ausgelassen. Man »lobt« das »Messerchen«, ist sich aber über die chirurgische Situation nicht im Klaren. Es herrscht offensichtlich die Meinung, der Samenstrang (beziehungsweise die Arterie) könnte einfach durchschnitten werden, und damit sei die Sache erledigt. Dem ist aber bei weitem nicht so. Nirgends wird auch nur im Geringsten auf das vorhergehende, notwendige Unterbinden der Arterie(n) eingegangen.

Aber auch die anderen operationsrelevanten Faktoren werden übergangen. Sollte die zuführende Arterie tatsächlich durchschnitten werden, kommt es recht schnell zu einer Infarzierung des Hodengewebes mit Nekrotisierung (der Hoden stirbt ab). Die zunächst blande (keimfreie) Nekrose wird sich unter den damaligen unsterilen Bedingungen mit an Sicherheit grenzender Wahrscheinlichkeit alsbald bakteriell infizieren, so dass wir beidseits im Skrotum eine eitrige Infektion der Hoden haben. Das Skrotum ist dann schmerzhaft geschwollen und gerötet. Spätestens jetzt können wir von einer Situation sprechen, die einem *akuten Skrotum* gleicht. Die Eiterung kann nach oben, in Richtung Bauchhöhle, entlang der entwicklungsgeschichtlich präformierten Wege weiterschreiten. Dann droht eine Peritonitis mit letalen Folgen.

Eine solche Situation wäre damals in vielen Fällen zu erwarten gewesen, in denen ein Durchschneiden der Samenstränge erfolgte. Dass nichts Derartiges bekannt geworden ist, lässt sich als deutlicher, um nicht zu sagen eindeutiger Hinweis darauf werten, dass solche Operationen nicht stattgefunden haben.

Das scharfe Durchschneiden des Samenstrangs bds. im Vergleich zwischen damals und heute

Nun kann auch noch diese Methode daraufhin untersucht werden, wie sich die ***operationsrelevanten Faktoren*** (s. S. 13) möglicherweise ausgewirkt hätten. Allerdings ist dies nur hypothetisch möglich, da es keine tatsächlichen Operationsberichte über die Anwendung dieser Methode aus jener Zeit gibt.

Die praeoperative Situation der Kinder hat sicher keine Rolle gespielt. Eine Erhebung der Vorgeschichte (ein Begriff der heutigen Zeit) sowie eine Voruntersuchung zum Erkennen der Konstitution und von Vorerkrankungen wurden kaum durchgeführt. Wenn schon, dann sollte das Ganze ja ohnehin wohl eher schnell vor sich gehen. Kinder vor allem aus ärmeren Schichten konnten unterernährt sein. Vorerkrankungen jedweder Art zählten kaum als Ausschlussgrund. Die Konstitution beziehungsweise Immunlage war also unsicher.

Eine Narkose mittels *Opium*, wie im Film (19) gezeigt, ist wegen ihrer Dosierung gefährlich, *Atemlähmungen* drohen. Die oft genannte erhöhte *Schläfrigkeit*, hervorgerufen durch ein *warmes Bad*, ist ohne nennenswerte Wirkung, höchstens verstärkt sich im warmen Wasser die *Blutungsneigung*. Gar noch, wie im Film gezeigt, im Badezuber unter Wasser, quasi blind, zu schneiden, kann nur als Filmgag bezeichnet werden. Angebliche Narkosemittel, aufgesaugt in *Schwämmen*, sind weitgehend wirkungslos. Druck auf die *Halsschlagadern* ist extrem gefährlich; *Bewusstlosigkeit* bis hin zum Herzstillstand kann unvorhersagbar und unkontrollierbar auftreten.

Kinder *reagieren heftig auf Schmerzreize*. Sie ohne Narkose in der notwendigen Rückenlage halten zu lassen, scheint ein Ding der Unmöglichkeit, auch wenn es dann noch um die Wiederholung der Prozedur auf der anderen Seite geht. Schmerzbedingte Ohnmacht beziehungsweise Bewusstlosigkeit mit ihren Folgen droht.

Eine Antisepsis/Asepsis wurde *nicht betrieben*, mit allen Folgemöglichkeiten für Wundinfektionen. Die nach Nekrotisierung (Absterben) des Hodengewebes drohende, schwere Infektion infolge unsteriler Verhältnisse wäre in den meisten Fällen unvermeidlich gewesen. Das unsterile Verbandmaterial hätte ein Übriges dazu beigetragen. Zusätzliche Komplikationen hätten gedroht – insbesondere eine lebensgefährliche Peritonitis (Bauchfellentzündung), da keine antibiotische Behandlung möglich war. Die Überlebenschancen wären gering gewesen.

Eine gute Ausbildung war zwar für Lorenz Heister als Anatom und Chirurg zutreffend, aber was war mit den Wundärzten, die *zu geringen Preisen* (30,

36) angeblich Kastrationen ausführten. Keiner dürfte die Anatomie wirklich gekannt haben. Chirurgie ohne anatomisches Wissen betreiben zu wollen, kann nicht gut gehen. Bei Kindern liegen ohnehin andere Verhältnisse als bei Erwachsenen vor. Die enger beieinander liegende, zartere Anatomie ist wesentlich anfälliger und erfordert speziell geschulte Operateure. Es muss äußerst subtil und kenntnisreich vorgegangen werden. Nicht umsonst werden Operationen in diesem Bereich heutzutage von spezialisierten Kinderchirurgen durchgeführt. Mit dem Messer in dieser Region unter Zeitdruck zu schneiden, ohne zu wissen, was wirklich Sache ist, kann nicht erfolgreich sein. Drei Arterien sorgen bei bloßem Durchschneiden »mit dem Messerchen« ohne effektive Blutstillung für einen großen Blutverlust und können eine erhebliche Schwächung des Patienten, bis hin zu lebensbedrohlichen Komplikationen bewirken.

Die Blutstillung wäre ein großes technisches Problem auch bei dieser Operation gewesen. Sie war während der Barockzeit nicht in den Griff zu bekommen.

Perioperativ wurde sicher nicht viel für die Kinder getan; wenn schon, dann wollte man sie wohl so schnell wie möglich wieder loswerden. Dabei dürfte gerade dieser Faktor bei nicht narkotisierten, geängstigten, erschrockenen und hyperventilierenden Kindern nicht zu unterschätzen gewesen sein. Eine *Stressantwort* des Organismus wäre nahezu unvermeidlich gewesen.

Auch diese zunächst so einfach erscheinende Operation hätte also erhebliche Probleme aufgewiesen und wäre höchst risikoreich gewesen, wenn sie denn tatsächlich durchgeführt worden wäre. Unvorstellbar, dass 4.000 Kinder pro Jahr auf diese Art operiert worden sein sollen.

Darüber hinaus ***gilt, wie für diese Operation, auch für die Hodenentfernungen,*** dass Infektionen entlang der entwicklungsgeschichtlich-anatomisch präformierten Wege (Abstieg des Hodens aus der Bauchhöhle) leicht *nach oben aufsteigen und Anschluss an die Bauchhöhle* gewinnen können. Dies kann zu schwersten, unbeherrschbaren Zuständen mit letalen Folgen führen.

Dieses Kapitel können wir nun mit einigen *zusätzlichen Anmerkungen zu Heister* abschließen.

Heister kennt sich aus in der europäischen Chirurgieszene. Er unterhält ein Netzwerk brieflicher Kontakte zu ausländischen Chirurgen (79). Er tauscht sich mit ihnen nicht nur über ihre und seine Verfahren aus, sondern man teilt sich auch gegenseitig Verfahren anderer Chirurgen mit, von denen man gehört hat. In seinen Büchern weist Heister oft auf unterschiedliche Möglichkeiten anderer Chirurgen in den jeweiligen europäischen Ländern hin. Zusammen mit englischen, niederländischen, französischen, polnischen, österreichischen, schweizerischen und spanischen Kollegen kennt er auch Italiener, neben *Fabricius ab Aquapendente* erwähnt er beispielsweise *Marini*, den *neuen berühmten Chirurgen*.

Heister ist also wohlinformiert, auch über die Verhältnisse in Italien, stellt aber keine ganz grundlegenden Unterschiede zu Deutschland fest. Nur in *einzelnen Punkten* benennt er Unterschiedlichkeiten.

Er erweist sich als Kenner der Szene, wenn er Bruchschneider aus Italien erwähnt, die vor dem Abbinden den Processus peritonei (Ausstülpung des Bauchfells bei Brüchen) mit einer »*großen Nadel*« und »*gewächsten Fäden*« durchstechen. Damit ist eine Peritonitis (Bauchfellentzündung) so gut wie sicher. Heister rät aus gutem Grund davon ab.

Möglicherweise spielt Heister hier auf die oft genannten Wundarztfamilien aus Norcia an. Er würde ihnen nicht das beste Zeugnis ausstellen.

Häufig schreibt er gegen Marktschreier und fahrende Bruchschneider an, die quasi jede Leistenbruchoperation mit einem *Herausreißen* des Hodens verbinden (38). Er schreibt explizit, dass Eltern einer Bruchoperation niemals zustimmen würden, wenn sie wüssten, wie gefährlich diese für ihre Kinder ist. Das Wohlergehen der Kinder ist ihm ein großes Anliegen.

Kein Wort schreibt Heister aber zum Durchschneiden der Samenstränge (beziehungsweise Arterien) zu Kastrationszwecken für Sänger. Sollte ausgerechnet der wohlinformierte Heister davon nichts mitbekommen haben?

Sollte er, der so oft gegen Marktschreier und Bruchschneider zu Felde zieht, ausgerechnet diese Gelegenheit auslassen? Kaum vorstellbar. Das Ganze kann, genauso wie die fehlenden zeitgenössischen Beschreibungen einer solchen Operation, als Hinweis darauf gelten, dass die Methode nicht oder nur äußerst selten ausgeführt wurde.

Es ist das große Verdienst Lorenz Heisters, dass er als Anatom und Chirurg konsequent nach anatomischen Grundlagen operierte. Er wollte damit auch eine Verbesserung der wundärztlichen Tätigkeit erreichen. Insgesamt hat er eine Veränderung in der Chirurgie bewirkt, die nicht hoch genug bewertet werden kann. Mit Heister haben natürlich auch andere Chirurgen an einer Verbesserung gearbeitet. Zumindest bis zu dieser Zeit war Chirurgie aber eine äußerst zufallsträchtige Sache. Vor allem bei fahrenden Wundärzten müssen die Verhältnisse oft katastrophal gewesen sein. Dies kann in Italien nicht anders gewesen sein.

Zum Operationsrisiko

Mit dem Operationsrisiko ist das Risiko gemeint, an der Operation oder ihren Folgen zu sterben. Alle eingangs genannten fünf damals möglichen Operationsmethoden (will man das Quetschen formal mit einbeziehen) hätten *heutzutage* ein geringes Operationsrisiko, bei optimaler Gestaltung der operationsrelevanten Faktoren:

praeoperative Situation,

geeignete, individuell anpassbare Narkoseverfahren,

antiseptische/aseptische Maßnahmen,

speziell ausgebildete Operateure,

Kontrolle physiologischer Parameter in der perioperativen Situation.

In der Barockzeit jedoch konnte keiner dieser Faktoren im erforderlichen Maß beeinflusst werden. Eine besondere Rolle spielten Wundinfektionen. Natürlich führt nicht jede Infektion zu einer schwerwiegenden Komplikation. Aber Infektionen waren häufig und konnten nicht wirklich behandelt werden. Im Zusammenwirken mit den Schädigungen der Patienten seitens der anderen Faktoren konnte es dann oft zu schweren, nicht mehr beherrschbaren letalen Zuständen kommen.

Versucht man zeitlich zurückzugreifen, stößt man auf das Problem, dass zu früherer Zeit keine Daten gesammelt beziehungsweise dokumentiert wurden. Einer der ersten, der sich mit statistischem Material befasste, war *Malgaigne* (1806-1865), ein Orthopäde in Paris, der 1841 für Amputationen eine mittlere Mortalitätsrate von 60% angab, die in der Kriegschirurgie auf über 90% ansteigen konnte (33, 15). Kriegschirurgie heißt, dass bei geängstigten Patienten vor der Operation möglicherweise noch andere Schädigungen bestanden, keine Narkose angewandt wurde, keine Antisepsis/Asepsis betrieben wurde, sehr schnell, zusätzlich traumatisierend operiert wurde und eine postoperative Versorgung mangelhaft war. Operieren zur Barockzeit war von vornherein nicht viel anders.

Burckhardt (1853-1905), ein Basler Chirurg, veröffentlichte 1881 weitere Zahlen zur Mortalität. Danach war nach Einführung der antiseptischen Wundbehandlung an seiner Klinik die Letalität bei Amputationen von 43,7% auf 11,5% gesunken. Bei Herniotomien (Bruchoperationen), einer Operationsart ähnlich der Hodenentfernung, sank die Letalität von **77,7%** auf 10,2% (15).

Das Risiko kann nun *bei Hodenentfernungen*, bedingt durch deren *beidseitige* Ausführung, sogar noch höher sein. Auch beim *scharfen Durchtrennen des Samenstrangs* kann die Doppelseitigkeit das Risiko erhöhen. Während der Barockzeit, rund 200 Jahre vor den Aufzeichnungen *Burckhardts*, sind Risiken sicher noch höher einzuschätzen gewesen. Man braucht sich nur die Verhältnisse bei *verdeckt arbeitenden* oder *fahrenden* Wundärzten vorzustellen.

Für das schwierige Verfahren, mit *Entfernung beider Hoden* durch die Leiste, kann also, bezieht man alle Umstände mit ein, das Operationsrisiko um 70-90% gelegen haben. Für das andere Verfahren der Hodenentfernung mit Zugang durch das Skrotum müsste das Risiko um 60-80% gelegen haben – wenn, und das darf wie bereits ausgeführt wurde bezweifelt werden, es denn überhaupt durchgeführt worden ist.

Für das *scharfe Durchschneiden des Samenstrangs bds.* können wir ein Operationsrisiko um mindestens 50-70% annehmen, sollte es wirklich ausgeführt worden sein.

Schlussfolgerungen

Beschäftigen wir uns mit medizinisch-chirurgischen Fragen früherer Zeiten, laufen wir Gefahr, unbemerkt heutige Verhältnisse zu unterstellen. Heutige Standards sind so stark verinnerlicht, dass sie als normal gelten und es kaum vorstellbar ist, dass dies früher anders war. Während der Barockzeit wirkten sich jedoch viele Faktoren beim Operieren ungünstig aus, da sie in ihrer Bedeutung noch weitgehend unbekannt oder sehr wenig beeinflussbar waren. Die geringe Beachtung, die ihnen zukam, machte Operationen sehr gefährlich und ließ sie allermeist scheitern, so dass nur wenig operiert wurde.

Faktoren, wie die *praeoperative* und *perioperative Situation* des Patienten, haben mittlerweile in der Chirurgie große Bedeutung erlangt und bestimmen das erfolgreiche Vorgehen bei chirurgischen Eingriffen wesentlich mit. Ihr Nichtbeachten kann schwerste negative Folgen für das Gelingen einer Operation haben.

Kurz vor 1900 gab es in der Chirurgie einen Umbruch von kaum mehr vorstellbarem Ausmaß. Seither sind zwei entscheidende Veränderungen wirksam, die wesentlichen Einfluss auf den Erfolg einer Operation haben.

Zum einen gibt es seither eine steuerbare, risikoarme *Narkose*, welche eine schmerzfreie, ruhige und damit sichere Operation ermöglicht. Für die Barockzeit sind dagegen noch keine wirkungsvollen Narkoseverfahren belegt. Dies hat von vornherein vieles unmöglich gemacht. Lange Zeit konnten keine größeren Operationen durchgeführt werden, sondern nur kurz dauernde oder einfache Eingriffe, die aber, unter hohem Zeitdruck ausgeführt, oft schwere Traumatisierungen hinterließen. Oder sie zogen Todesfälle nach sich. Manche Chirurgen glaubten schon, das Ende jeder weiteren chirurgischen Entwicklung sei gekommen. Als nach Einführung der Inhalationsnarkose 1846 begonnen wurde, langsam und damit schonend zu operieren, war dies zunächst etwas ganz Ungewöhnliches. Es dauerte noch längere Zeit, bis der Wert dieses langsamen Operierens voll erkannt wurde. Die iatrogenen (behandlungsbedingten) Traumatisierungen reduzierten sich dadurch jedenfalls deutlich, die Prognose besserte sich erheblich.

Zum anderen ist mittlerweile, als wohl wesentlichste Veränderung, die früher mangels *Antisepsis/Asepsis* alles dominierende Wundinfektion mit ihren oft letalen Verläufen weitgehend beherrschbar. Wenn damals die Operation schon als solche geglückt war, hat die Wundinfektion vieles wieder zunichte gemacht und die Patienten starben unter elenden Umständen. Man konnte keine Ursache für die gefürchtete Wundinfektion erkennen, hat sie hinnehmen müssen. Im humoralpathologischen medizinischen Lehrgebäude der

Barockzeit gab es noch keine bakteriologischen Erkenntnisse und demzufolge keine Gegenkonzepte; vor allem keine Antibiotika. Erst nachdem Bakterien in ihrer Bedeutung erkannt waren und antiseptische sowie aseptische Maßnahmen für die Chirurgie verpflichtend wurden, hat sich die Wundinfektionsrate drastisch senken lassen. Die verheerenden Wirkungen der damaligen Wundinfektionen werden heute völlig unterschätzt, oft sogar negiert. Wir können uns, im Zeitalter einer nahezu perfekt erscheinenden Medizin, kaum mehr klar machen, was damals an der Tagesordnung war. Dass die Leute, auch nach kleineren Operationen, einfach weggestorben sind, fällt uns schwer zu glauben.

Nebenbei sei angemerkt, dass Infektionen in neuester Zeit wegen resistenter Keime wieder dramatisch zunehmen. Entsprechend steigt auch die Zahl der Opfer an den Kliniken.

Der *Ausbildungsstand* vieler Operateure war damals ungenügend. Die Auftrennung der Chirurgie in einen universitären und außeruniversitären Zweig wirkte sich nachteilig aus. Heisters Klage über die Studierten, die nichts Praktisches konnten, im Gegensatz zu den praktisch Erfahrenen, die nichts wussten, ist begründet. Vor allem die fahrenden Wundärzte verfügten nur über eine unzureichende Ausbildung.

Die Operationsmethoden waren noch wenig ausgefeilt oder gar standardisiert. Eine konsequente Blutstillung beispielsweise wurde noch gar nicht durchgeführt. Die Chirurgen fingen gerade erst an, sich an der Anatomie als notwendiger Grundlage für Operationen zu orientieren. Das Wissen der damaligen Zeit reichte nicht aus, um ein sicheres Operieren zu gewährleisten. Bis allerdings neue, für alle verbindliche Kenntnisse in der Methodik breiten Niederschlag gefunden hatten, dauerte es lange Zeit.

Lorenz Heister beschreibt eine *Hodenentfernung*, welche zunächst korrekt aussieht. Bei näherer Betrachtung werden jedoch gravierende Mängel sichtbar. Sein auf den ersten Blick erstaunlich gut erscheinendes Operationsverfahren ist unter erheblichem Vorbehalt zu sehen. Andere Verfahren zur Hodenentfernung lassen ebenfalls große Schwierigkeiten erwarten.

Auch beim zunächst so einfach erscheinenden *scharfen Durchschneiden des Samenstrangs* hätte es, sieht man genau hin, große Probleme gegeben.

Schauen wir die Operationsverfahren kritisch an, müssen wir sagen, dass sie ein äußerst hohes Operationsrisiko hatten. Wahrscheinlich lag es um 70-90% beim Entfernen der Hoden durch die Leiste, beim Entfernen durch das Skrotum um 60-80% und beim scharfen Durchschneiden der Samenstränge um 50-70%. *Alle Verfahren konnten wegen dieser hohen Risiken allenfalls in geringstem Umfang ausgeführt werden.* Es kann zwar »Versuche« gegeben haben, trotzdem zu operieren, die Misserfolge müssen jedoch so groß gewesen sein, dass sie zum Unterlassen dieser Versuche führten. Ansonsten hätte es hunderttausende von Toten gegeben (s. Kapitel »Barocke Blüten«, S. 103). So viele Tote verkraftet auf Dauer niemand. Bei sesshaften Wundärzten wird es ja schnell bekannt, wenn viele Patienten sterben. Selbst fahrende Wundärzte konnten nicht unablässig auf der Flucht sein, wegen der vielen Toten, die sie hinterließen. Die Justiz hat auch damals funktioniert.

Es mutet merkwürdig an, wie leicht *heute* davon ausgegangen wird, dass von 10 Operierten 5 bis 9 ums Leben gekommen sein müssen. Kaum jemand scheint sich Gedanken darüber zu machen. Nur vereinzelt wird auf Tote hingewiesen (60). Möglicherweise liegt dies am wenig verbreiteten Wissen um die damaligen Zustände. Die große *Angst damaliger Menschen* vor dem gefährlichen Operieren und ihre Zurückhaltung sind aber dokumentiert. Viele haben sich trotz lebensgefährlicher Erkrankungen nicht operieren lassen (79).

Ein Gemälde des Venezianers Gaspare Traversi (1722-1770) bildet das Operieren während der Barockzeit ab:

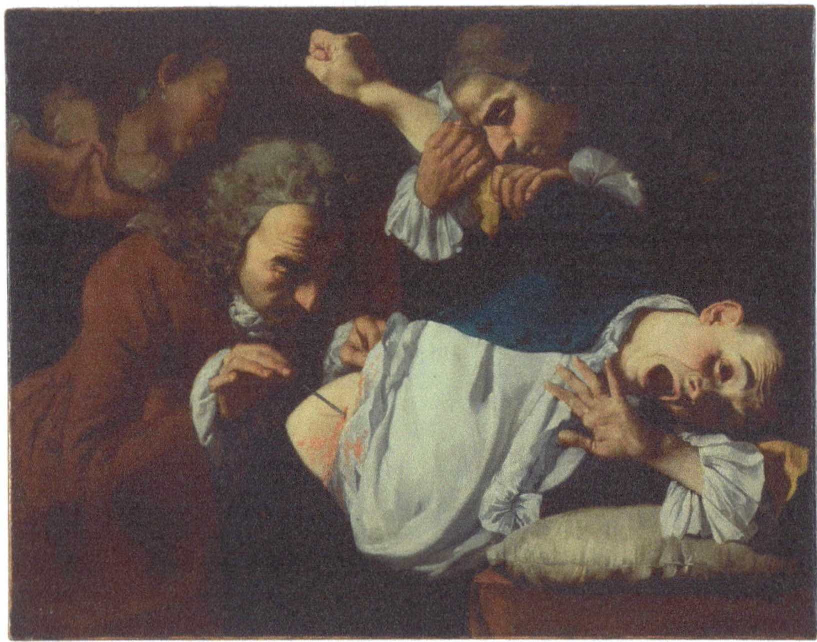

Gaspare Traversi (1722-1770). »Die Operation«. (Staatsgalerie Stuttgart. Foto: Staatsgalerie Stuttgart)

Schauen wir uns genauer an, was dargestellt ist:

Der Ort, an dem sich das Geschehen abspielt, ist nicht exakt erkennbar. Schon die Frau direkt hinter dem Operateur befindet sich im Halbdunkel; der Hintergrund ist in völliges Dunkel gehüllt. Handelt es sich um einen Keller mit nur geringer Beleuchtung durch ein kleineres Fenster? Die Haut der Bauchregion ist glattrandig, also mit einem scharfen Gegenstand geöffnet. Das Unterhautfettgewebe liegt bloß, Blut fließt. Es könnte sich um eine Stichverletzung handeln, die der Operateur sondiert. Dagegen spricht allerdings die unversehrte Kleidung. Auch die Frische der Blutung sowie ihre Laufrichtung sprechen dagegen. Eher sieht es so aus, als ob der Operateur den Schnitt gerade erst gelegt hätte. Welcher Art die Operation ist, lässt sich dann allerdings nicht genau sagen. Ob sie medizinisch notwendig ist, oder ob sie eher scharlatanesken Zwecken dient, ist nicht zu entscheiden. Von prae- oder perioperativen Maßnahmen ist nichts zu erkennen. Eine Narkose hat offensichtlich nicht stattgefunden. Von Antisepsis/Asepsis kann keine Rede sein, die Kleidung berührt quasi das Operationsfeld. Mit dem unsterilen Instrument und der ganzen Manipulation mit den Händen werden Keime in die Tiefe geschleppt. Eine Infektion ist so gut wie unvermeidlich.

Welcher Couleur der Operierende ist, bleibt unklar. Er wirkt konzentriert, angespannt. Weiß er, dass er etwas riskiert? Der Schmerz steigert die Angst des Patienten bis zur Panik. In seinem grotesk verzerrten Gesicht spiegelt sich die als lebensbedrohlich empfundene Situation. Sein Schrei ist nahezu hörbar. Verzweifelt versucht er sich zu entwinden, wird aber von dem energisch zupackenden Helfer daran gehindert. Es kommt zu einem regelrechten Kampf. Die Gesichtsfarbe des Patienten ist fahl, die Lippen sind blass. Droht trotz des noch andauernden Handgemenges eine Ohnmacht? Durch den Kampf gerät der Operateur in Bedrängnis: Sollte der Patient sich plötzlich zurückbeugen, besteht die Gefahr, dass er mit seinem Instrument die Bauchdecke durchstößt und ein inneres Organ verletzt, beispielsweise die Leber. Oder ist dies schon geschehen? In diesem Fall hätte der Patient so gut wie keine Chance mehr. Ob das Beten (seiner Frau?) dann noch hilft? Wir wollen es hoffen.

Wachstumsfördernde Hormone. Zur Barockzeit unbekannt – aber heute?

Vorweg zur Information einige Worte zur Kehlkopfentwicklung: Entwicklungsgeschichtlich stammt der Kehlkopf von den Knorpelfischen ab und entwickelt sich aus den Viszeralbögen. Seine beiden Schildknorpelplatten bilden vorne zunächst einen Winkel von etwa 120°, der sich dann, durch den Wachstumsschub während der Pubertät, um 1 cm nach vorne, beim Mann auf etwa 90°, verringert. Diese Streckung nach vorne wird von den Stimmbändern mitvollzogen, sie verlängern und verdicken sich dabei, so dass eine postpubertär tiefere, mutierte Stimme resultiert.

Die Pubertät findet bei Jungen etwa zwischen dem 11. und 16. Lebensjahr statt, wobei die Zahlen variieren und während der Barockzeit möglicherweise anders waren. Etwa ab dem Alter von 20 Jahren beginnt der Kehlkopf, individuell und geschlechtsspezifisch unterschiedlich, zu verknöchern.

Nicht bei allen Jugendlichen ist das Kehlkopfwachstum von einem Stimmbruch begleitet (99). Bei einigen Jugendlichen bleibt die Stimme ziemlich hoch und ist von der präpubertären Stimme wenig zu unterscheiden. Wir können von einer Mutatio incompleta sprechen (71). Der Kehlkopf ist dabei jedoch nicht immer klein!

Um weitere Aussagen zum Kehlkopfwachstum machen zu können, ist es notwendig, die Vorgänge zu kennen, welche für das Wachstum eine Rolle spielen. Entscheidend ist hierfür die Betrachtung auf molekularbiologischer Ebene. Von dort aus gesehen findet Wachstum dann statt, wenn ein entsprechendes Signal dazu an die Zelle gelangt. Eine signalisierende Zelle bildet hierzu ein Signalmolekül (Ligand), welches an die Zielzelle gelangen muss. **Hormone** sind solche über das Blut versandten Signalmoleküle. Die Zielzelle besitzt Rezeptoren, die das Signalmolekül erkennen und spezifisch darauf antworten. Das heißt, wenn der Rezeptor der Zielzelle ein eintreffendes extrazelluläres Signal erhält, findet eine Signaltransduktion statt, mittels der es in ein intrazelluläres Signal umgewandelt wird, welches das Zellverhalten ändert. Damit das Signal nicht fortwährend wirkt, muss es auch wieder gelöscht werden. Letztlich müssen durch Genexprimierung Proteine entstehen, welche die Zelle wachsen lassen (1). Diesen Vorgängen liegen unterschiedlichste Prozesse zugrunde.

Die bekannten klassischen für das Wachstum verantwortlichen Hormone sollen anschließend besprochen werden. Da Rezeptoren bei zellbiologischen Abläufen eine Schlüsselstellung einnehmen, wird im Text genauer auf sie eingegangen.

Zunächst die **Androgene**:

Androgene sind männliche Sexualhormone mit einem zugrunde liegenden Steroidgerüst aus 19 C-Atomen. Der Hauptvertreter ist Testosteron, außerdem sind Androstendion, Dihydrotestosteron (DHT), Dehydroepiandrosteron (DHEA) und Androsteron zugehörig. Androgene werden sowohl im ***Hoden*** als auch in der ***Nebennierenrinde*** (NNR) gebildet. Ihre Produktion im Hoden unterscheidet sich von derjenigen in der Nebennierenrinde.

Im ***Hoden*** ist in den Leydig'schen Zwischenzellen das Syntheseausgangsprodukt für Testosteron das Cholesterol. Aus Cholesterol entsteht dabei Pregnenolon. Daraus entsteht, im *Δ-4-Syntheseweg*, über Progesteron zunächst 17-α-Hydroxyprogesteron, welches weiter zu Androstendion reagiert. Aus diesem wird durch die 17-ß-Dehydrogenase schließlich Testosteron (45).

Mit geringerer Produktionsrate wird im Hoden der *Δ-5-Syntheseweg* beschritten. Das aus Cholesterol synthetisierte Pregnenolon wird durch eine 17-α-Hydroxylase zu 17-α-Hydroxypregnenolon. Dieses wird durch Abspaltung der Seitenkette mittels C-17 C-20 Lyase zu Dehydroepiandrosteron (DHEA). Dieses wiederum wird durch 17-ß-Hydroxylierung zu Δ-5-Androstendiol, welches durch 3-ß-Hydroxylierung schließlich zu Testosteron wird (22). Δ-5-Androgene sind weniger wirksam als Δ-4-Androgene (55).

Um eine ungestörte Testosteronsynthese im Hoden zu erhalten, ist eine gewisse Mindestdurchblutungsrate erforderlich (90). Dies ist von Bedeutung für Überlegungen in Richtung einer Kastration durch Drosselung der Blutzufuhr.

In der ***Nebennierenrinde*** (NNR) gibt es einen Syntheseweg für Androgene in der Zona fasciculata und reticularis, allerdings in geringerem Umfang als im Hoden. In der NNR überwiegt, unter Corticotropin-Einfluss, der *Δ-5-Syntheseweg*. Die hier produzierten Androgene machen beim Mann etwa 10% der insgesamt gebildeten Androgene aus. In der NNR wird vor allem Dehydroepiandrosteron (DHEA) sowie sein Sulfat-Ester (DHEAS) und Androstendion gebildet (24). 90% des gebildeten DHEA stammen aus der NNR.

Testosteron wird schon beim Neugeborenen produziert, die Produktion fällt dann aber bis zum 6. Monat wieder ab. Mit dem 7. Lebensjahr kommt es zunächst zur vermehrten Androgenproduktion in der NNR (Adrenarche). Dann treten etwa mit dem 10. Lebensjahr erste nächtliche LH-Impulse (Lutotropin s. u.) auf, die im Laufe der Pubertät in das regelmäßige pulsatile LH-Sekretionsmuster des erwachsenen Mannes übergehen. Das Maximum der Testosteronproduktion ist um das 30. Lebensjahr zu verzeichnen, danach gibt es einen langsamen Abfall (44).

Insgesamt werden pro Tag 7-10 mg Testosteron im Hoden synthetisiert (44). Die normale Konzentration des Testosterons im peripheren Blutserum beträgt beim erwachsenen Mann 12-30 nmol/l. Morgens sind die Werte infolge einer zirkadianen Rhythmik am höchsten. Jungen vor der Pubertät haben Werte unter 4nmol/l. Auch Kastraten sollen derartige Werte aufweisen. Erektionen sind bei Werten unter 8nmol/l nicht möglich (53).

Die Produktion von Geschlechtshormonen im Hoden wird durch *Gonadoliberin* aus dem Hypothalamus gesteuert. Ein entsprechendes *Statin* ist nicht bekannt (45). Im Hypophysenvorderlappen werden dadurch die beiden *Gonadotropine* Lutotropin (LH) und Follitropin (FSH) freigesetzt. Sie sind nach der Wirkung benannt, die sie bei der Frau hervorrufen (Luteotropes Hormon und Follikel Stimulierendes Hormon), wirken jedoch auch beim Mann. Ihre Sekretion erfolgt pulsatil, jedoch beim Mann nicht so ausgeprägt wie bei der Frau, mit Pulsen von einigen Stunden. Diese *Gonadotropine* wirken auf die männlichen Keimdrüsen.

Lutotropin (LH), früher ICSH genannt, induziert via 7-Membrandomänenrezeptor Enzyme, die dann die Testosteronsynthese in den Leydig'schen Zwischenzellen ankurbeln. *Follitropin* (FSH) hat als Zielzelle die Sertoli-Zelle, an die das Hormon, ebenfalls mit einem 7-Membrandomänenrezeptor, andockt. Follitropin ist für die Spermatidenreifung essentiell, jedoch können Spermien nur unter Mitwirkung von Testosteron entstehen. Außerdem entstehen in den Sertoli-Zellen des Hodens auch Östrogene in geringer Menge.

Die Regulation des gesamten Systems erfolgt über Rückkopplungsmechanismen, wobei Testosteron im Hypothalamus die Gonadoliberin-Freisetzung hemmt. Andererseits produzieren die Sertoli-Zellen das Polypeptid Inhibin, welches die Follitropin-Freisetzung aus dem Hypophysenvorderlappen hemmt (55).

Aus medizinischer Sicht handelt es sich bei einer praepuberalen Kastration um einen *erworbenen primären hypergonadotropen Hypogonadismus*, bei welchem die LH- und FSH-Werte erhöht sind, da der negative Feedback-Mechanismus des Testosterons auf die Sekretion der hypothalamisch-hypophysären Hormone LH und FSH fehlt. Die Sekretion der NNR-Androgene ist meist nicht gestört (11).

Die Produktionsmenge der *Nebennierenrinden-Androgene* unterliegt, wie das gleichfalls in der NNR gebildete Glucocorticoid Cortison, der Ausschüttung von ACTH (Adrenocorticotropes Hormon), welches in der Hypophyse gebildet wird. Wegen dessen zirkadianer Rhythmik ist ihre Konzentration morgens am höchsten. Unter anderem steigert Stress die Ausschüttung von ACTH.

Testosteron ist im Blutplasma zum größten Teil an ein Transportprotein gebunden, das Testosterone-estradiol-binding globulin (TeBG). Nur ein geringer Teil (etwa 2%) liegt ungebunden vor. Es besteht dabei ein Fließgleichgewicht. Nur das ungebundene Testosteron ist biologisch wirksam. Die Dissoziation des Testosterons vom Bindungsprotein erfolgt in den Kapillaren; Testosteron kann dann in die Zelle hineindiffundieren. Dort wird es zu DHT umgewandelt. Dieses ist 2-3 Mal wirksamer als Testosteron (55).

In der Zelle erfolgt die Signalübertragung bei Steroidhormonen, zu denen die Androgene zählen, ähnlich wie bei Schilddrüsenhormonen (s. u.). Androgene können aufgrund ihres Cholesteringrundgerüstes frei durch die Zellmembran diffundieren. Ihre **Rezeptoren** befinden sich nicht auf der Zellmembran, sondern im Cytoplasma (oder im Zellkern).

Die Rezeptoren weisen zwei verschiedene Bindungsregionen auf, eine DNA- und eine Hormonbindungsstelle. Die Hormonbindungsstelle ist im C-terminalen Bereich des Proteins lokalisiert. Die Bindung des Hormons an diese Region ist Voraussetzung für die Wirkung, da das isolierte Hormon keine Wirkung besitzt. An dieser Bindungsstelle müssen noch weitere Proteine andocken, damit es dann zu einer Ligandenbindung kommen kann. Der somit dann entstandene Hormon-Rezeptor-Komplex wandert in den Zellkern, wo sich die DNA als Träger der Erbinformation befindet.

Der Hormon-Rezeptor-Komplex ist über seine schon genannte DNA-Bindungsstelle in der Lage, sich an bestimmte Abschnitte der DNA (hormone response elements) anzulagern. Er induziert dann die mRNS-Synthese. Diese messenger-RNS verlässt den Zellkern und transferiert ihre Information an die Ribosomen, welche dann die eigentliche Zellantwort, die Synthese eines neuen Proteins, ausführen (1, 55). Diese Proteine sind verantwortlich für die nachfolgend genannten wichtigsten biologisch-organischen Wirkungen:

In der Embryonalphase fördert Testosteron das Wachstum und die sexuelle Differenzierung der Geschlechtsorgane. Bei Abwesenheit von Testosteron entwickelt sich der Fetus bezüglich seiner Geschlechtsdifferenzierung weiblich. (44)

Testosteron hat generell anabole Funktion (Eiweißaufbau, Zunahme der Knorpel- und Knochengrundsubstanz). In der Pubertät bewirkt es die Entwicklung zum männlichen Phänotyp mit dem Wachstum von Penis, Skrotum, Prostata, Nebenhoden, Vas deferens und Samenblasen. Am Pubertätsbeginn führt es zu einem vermehrten Längenwachstum der Röhrenknochen, am Pubertätsende führt es zu einem Verschluss der Epiphysenfugen

(Wachstumszone der Knochen) und damit zum Ende des Längenwachstums der langen Röhrenknochen.

Testosteron wirkt auf die Entwicklung sowohl der glatten als auch der quergestreiften Muskulatur. Auch am Herzmuskel gibt es einen anabolen Testosteroneffekt. Testosteron stimuliert außerdem die Erythrozytenbildung (rote Blutkörperchen).

Es hat vermutlich auch Einflüsse auf die Gehirnorganisation. Der Cholesterinspiegel wird durch Testosteron erniedrigt. Testosteron wirkt gluconeogenetisch, was im Blut zu einem Überangebot an Glucose (Zucker) und zu deren verstärkter Umwandlung in Fett führt. Neben der Wirkung auf die Spermiogenese (Spermienentwicklung) besitzt Testosteron noch Wirkung im Spermaplasma (Spermaflüssigkeit, in der sich die Spermien befinden), wo es Bedeutung für den Zuckerstoffwechsel zur Ernährung der Spermien hat. Testosteron führt zur Ausbildung der sekundären Geschlechtsmerkmale wie Bartwuchs, männlicher Körperbehaarung sowie dem Kehlkopfwachstum (55, 44).

Ganz überwiegend die NNR-Androgene werden für die extragenitalen Wirkungen (z. B. Bartwuchs, Schamhaarwuchs) der Androgene verantwortlich gemacht. Diese extragenitalen Wirkungen werden schon bei relativ niedrigen Konzentrationen erreicht (9, 24, 49). Eine Wirkung der NNR-Androgene auf das Kehlkopfwachstum wird verneint.

Die Auswirkungen des Testosterons auf die Haut und deren Anhangsgebilde betreffen nicht den frontotemporalen Ansatz der Haupthaare (Geheimratsecken), diese sind genetisch und von individueller Verteilung der Androgenrezeptoren determiniert.

Der Vollständigkeit halber seien noch die Vorgänge in den *Sertoli-Zellen* erwähnt. Die Sertoli-Zellen werden durch Follitropin (FSH) stimuliert. Das Hormon dockt dort über einen **7-TMH-Rezeptor** an, der G-Protein abhängig ist. Als »second messenger« fungiert dabei cAMP.

Dieser 7-TMH-Rezeptor durchspannt die Zellmembran mit 7 alpha-helical aufgebauten Aminosäuren, die extra- und intrazellulär durch drei hydrophile

Schleifen verbunden sind. Die extrazelluläre Domäne endet mit einem N-Terminus, die intrazelluläre mit einem C-Terminus.

Nach Bindung eines Hormonmoleküls erfährt der Rezeptor eine Konformitätsänderung, welche auf ein benachbartes, auf der Innenseite der Zellmembran gelegenes G-Protein, das aus einer alpha-, beta- und gamma-Untereinheit besteht, übertragen wird. Dieses Protein enthält gebundenes GDP. Das Protein wird aktiviert und tauscht das GDP gegen GTP aus. Dann dissoziiert das Protein in eine alpha-GTP Untereinheit und den Beta-gamma-Komplex. Der aktivierte alpha-GTP-Komplex diffundiert lateral und stößt auf ein Enzym, die Adenylat-Cyclase. Das Phosphat wird hydrolytisch abgelöst und die Untereinheit liegt wieder als alpha-GDP-Form vor. Sie reassoziiert wieder mit dem Beta-gamma-Komplex zum ruhenden G-Protein. Die Beendigung des Vorgangs geschieht durch eine GTPase-Aktivität der alpha-Untereinheit des G-Proteins, die nach kurzer Zeit das an derselben Untereinheit gebundene GTP in GDP und Phosphat spaltet. Intrazellulär verläuft die Kaskade weiter mittels cAMP, welches die Proteinkinase A aktiviert (55, 7).

Das für die Sertoli-Zellen notwendige Testosteron diffundiert aus den Leydig'schen Zwischenzellen zu ihnen. Testosteron ist dabei für die Spermatogenese essentiell, während FSH für die Spermatidenreifung notwendig ist (55).

Als weiteres klassisches Hormon soll nun das ***Wachstumshormon*** (Wh) selbst besprochen werden:

Für das Wachstumshormon gibt es mehrere Synonyme: Somatotropin (ST), Somatotropes Hormon (STH oder SH), Growth Hormon (GH) oder human Growth Hormon (hGH). Das Wachstumshormon gehört zu den Peptidhormonen. Es ist ein einkettiges Protein aus 191 Aminosäuren mit zwei Disulfidbrücken zwischen Cys68-Cys162 und Cys179-Cys186 (89). Die Aminosäurensequenz ist in hohem Maße artspezifisch, so dass nur menschliches Wachstumshormon beim Menschen wirkt (55). Das Gen für das Wachstumshormon ist auf dem langen Arm des Chromosoms 17 lokalisiert. Das

Wachstumshormon wird in den acidophilen Zellen des Hypophysenvorderlappens, der Adenohypophyse, gebildet.

Das Hormon wird vorwiegend in der ersten Schlafhälfte während des non-REM-Schlafes, also stoßweise, sezerniert. Die Pulse haben einen Abstand von 3-4 Std. Bei Neugeborenen und Säuglingen sind die Sekretionspulse besonders hoch. Während der kindlichen Entwicklung nimmt ihre Höhe ab, um während der Pubertät noch einmal größer zu werden. Im Erwachsenenalter nimmt die Sekretion dann zunehmend ab (45, 54). Der normale Plasmaspiegel, abhängig z. B. von Tageszeit, Geschlecht, Alter oder Bestimmungsmethode, beträgt 0 bis 3 ng/ml (90).

Die Steuerung erfolgt über Liberine (Somatoliberin) und Statine (Somatostatin). Sie stammen aus dem Hypothalamus (22, 45, 53). Somatoliberin fördert die Produktion von Wachstumshormon, während die Somatoliberinausschüttung ihrerseits durch einen Abfall des Blutzuckerspiegels gesteigert wird. Damit wird also die Ausschüttung des Wachstumshormons durch einen Blutzuckerabfall ebenfalls erhöht (45). Stimulierend für die Ausschüttung von Wachstumshormon wirkt akuter Stress, chronischer Stress wirkt supprimierend.

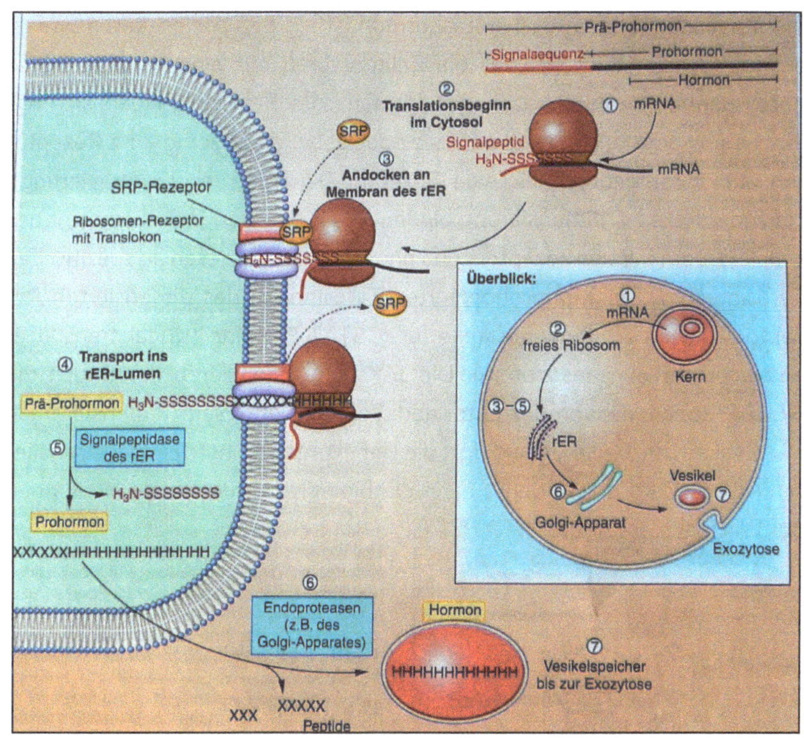

Molekularbiologisches Schema der Synthese eines Peptidhormons wie z. B. das Wachstumshormon. Dargestellt sind die Vorgänge ab dem Auftrag aus dem Zellkern (1), über weitere Schritte in der Synthese (2-6), bis zur Speicherung in Vesikeln (7). Diese öffnen sich und entlassen das Hormon nach außen. (Dettmer, Folkerts, Kächler, Sönnichsen, 2005)

Somatostatin ist der Gegenspieler des Somatoliberins; es hemmt die Ausschüttung von Wachstumshormonen aus dem Hypophysenvorderlappen. Somatostatin wird auch im Pankreas und im Gastrointestinaltrakt gebildet (55). Somatostatin hemmt zudem die basale TSH-Produktion (s. u.).

Im Blutplasma ist das Wachstumshormon an ein Bindungsprotein gebunden, das identisch ist mit der extrazellulären Domäne des Wachstumshormonrezeptors (53, 86). Die Halbwertszeit des Hormons beträgt 20 bis 30 min (55). Durch die Proteinbindung wird trotz pulsatiler Freisetzung eine stabile Plasmakonzentration des Wachstumshormons erreicht. Das Bindungsprotein federt die Pulse sozusagen ab.

Der **Rezeptor** für das Wachstumshormon ist ein 620 Aminosäuren umfassendes Glykoprotein, welches die Zellmembran mit einer einzigen Helix durchspannt. An die extrazelluläre Domäne des Rezeptors lagert sich das Wachstumshormon-Molekül an. Es bindet dabei gleichzeitig an 2 Rezeptoren und sorgt dadurch für eine Rezeptor-Dimerisierung (= Aktivierung). Nach der Rezeptordimerisierung binden 2 Januskinasen (JAKs) an die intrazelluläre Domäne des Rezeptors und phosphorylieren diesen an spezifischen Tyrosinresten. Diese phosphorylierten Tyrosinreste des dimerisierten Rezeptors dienen als Bindungsstelle für 2 STAT-Proteine (**s**ignal **t**ransducer and **a**ctivator of **t**ranscription). Die JAKs phosphorylieren dann auch die STAT-Proteine, die vom Rezeptor abdissoziieren, ihrerseits dimerisieren, in den Zellkern diffundieren und dort die Genexpression ihrer Zielgene regulieren (1, 55): Daraus resultieren dann die biologisch-organischen Wirkungen des Wachstumshormons.

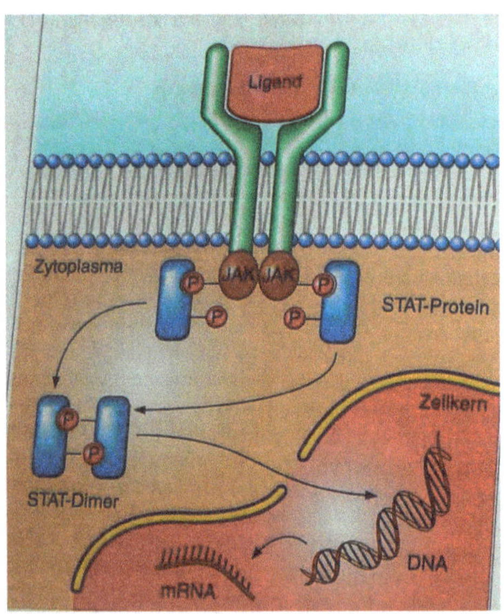

Molekularbiologische Darstellung einer Momentaufnahme aus dem vorherigen Abschnitt: Januskinasen phosphorylieren 2 STAT-Proteine, die vom Rezeptor abdissoziieren und dimerisieren. Dann diffundieren sie in den Zellkern. (Dettmer, Folkerts, Kächler, Sönnichsen, 2005)

Das Wachstumshormon fördert anabole Stoffwechselprozesse; es kommt zu vermehrter Proteinsynthese und damit zu vermehrtem Wachstum. Außerdem fördert es, vermittelt durch die Somatomedine, den Sulfateinbau in die Knochenmatrix (44). Es beeinflusst das Knochen-, Knorpel- und Muskelwachstum. Auf das Längenwachstum der langen Röhrenknochen wirkt es aber nur vor der Pubertät, nicht mehr nach Epiphysenschluss. Als Gegenspieler des Insulins (Insulinantagonist) bewirkt es eine Erhöhung des Blutzuckerspiegels, d. h. es fördert die Mobilisierung von energiereichen Substanzen. Außerdem steigert es die Lipolyse im Fettgewebe und setzt damit vermehrt Fettsäuren ins Blut frei (45). In der Leber stimuliert es die Produktion von IGF-1 (s. u.), auch lokal im Knochengewebe stimuliert es die Synthese von IGF-1 (55).

Das Wachstumshormon ist ein sogenanntes Effektorhormon, das auf nahezu alle Zellen des Körpers wirkt, nicht jedoch auf Keimzellen (49, 55). Es wirkt damit auch auf den Kehlkopf, und zwar nicht nur auf den Knorpel, sondern auch auf die Schleimhaut, die Lamina propria und den Musculus vocalis, beeinflusst also den Reinke'schen Raum. Außerdem wirkt es auf den gesamten Rachen, mit seinen Bestandteilen sowohl unterhalb, als auch oberhalb des Kehlkopfs.

Ein *Überschuss* des Wachstumshormons _vor_ dem Epiphysenschluss (meist verursacht durch ein eosinophiles Adenom des HVL) führt zu einem sehr seltenen Erkrankungsbild, dem sogenannten *Gigantismus*. Dieser stellt einen proportionierten Riesenwuchs dar.

Ein *Überschuss* des Wachstumshormons _nach_ dem Epiphysenschluss, führt nur noch zu einem Wachstum der Akren, d. h. der peripheren Endteile des Körpers, einer sogenannten *Akromegalie*. Interessant ist die Akromegalie durch folgende Symptome (23, 55, 103):

Die Supraorbitalwülste (Augenbrauenwülste) und das Kinn sind durch appositionelles Knochenwachstum vergrößert. Auch Nase, Ohren, Jochbein, Ober- und Unterkiefer sowie Lippen sind vergrößert. Die Haut ist verdickt, der Kopf ist groß (Schädelumfang größer). Die Zahnabstände sind erweitert, es kommt zu einem Fehlbiss. Es liegt eine vergrößerte Zunge vor (Makroglossie). *Die Kehlkopfhypertrophie (Kehlkopfvergrößerung) führt zu kloßiger Sprache, die auch rau und tiefer wird.* Die Atmung ist erschwert. Hände und Füße sind vergrößert. Auch innere Organe sind vergrößert, z.B. Herz, Leber, Magen (Splanchnomegalie). Colon, Rectum (Dickdarm) und NNH (Nasennebenhöhlen) weisen Polypen (gutartige Wucherungen) auf. Durch Tumordruck können Sehstörungen auftreten. Auch Störungen von hypothalamisch-hypophysären-Achsen (Hormonveränderungen) kann es geben, die bei Frauen zu Zyklusstörungen und bei Männern zu Libidoverlust führen können. Von diesem Erkrankungsbild gibt es 5-7 Erkrankte/100.000; die Erkrankung ist also selten.

Ca. 40% der Wachstumshormon-produzierenden Adenome besitzen eine Mutation der alpha-Untereinheit des stimulierenden G-Proteins Gs. Daraus ergibt sich eine gehemmte GTPase-Aktivität der freien alpha-Gs-Untereinheit, so dass das an die alpha-Untereinheit gebundene GTP nicht mehr gespalten wird. Dies hat eine fortdauernde, ungehemmte cAMP-Synthese zur Folge, die in eine dauerhafte, überschießende Wachstumshormonsynthese einmündet (55). Ein *Mangel* an Wachstumshormon (oder IGF-1 beziehungsweise dessen Bindungsprotein) führt zu verschiedenen Formen von *Minderwüchsigkeit*.

Daneben gibt es noch sogenannte **Wachstumsfaktoren**:

Als Wachstumsfaktoren werden signalgebende Proteine bezeichnet, welche die Ontogenese kontrollieren und die Aufrechterhaltung der Gewebe in Struktur und Funktion gewährleisten. Sie koordinieren die Proliferation, Differenzierung und Funktion der Zellen.

Wachstumsfaktoren werden in Familien eingeteilt. Insgesamt gibt es etwa 80 verschiedene Wachstumsfaktoren, dazu gehören beispielsweise (44):

- Der von Blutplättchen abstammende Wachstumsfaktor: Platelet-Derived-Growth-Factor (PDGF).
- Die Familie der epidermalen Wachstumsfaktoren: Epidermal Growth Factors (EGF).

- Die Familie der Fibroplasten Wachstumsfaktoren: Fibroplast Growth Factors (FGF).
- Die Familie der insulinähnlichen Wachstumsfaktoren: Insulin-like Growth Factors (IGF).
- Die Familie der transformierenden Wachstumsfaktoren: Transforming Growth Factors (TGF-alpha und TGF-beta).
- Zu ihnen gehören neben Aktivinen auch die »bone morphogenetic proteins« (BMP's), die, wie der Name sagt, für die Knochen- und Knorpelbildung Bedeutung haben (55).

Insbesondere sind im Rahmen des vorliegenden Themas die *Somatomedine* von Bedeutung, da sie zusammen mit dem Wachstumshormon ein System bilden. Diese Somatomedine werden, aufgrund ihrer ca. 40%igen Strukturhomologie zum Proinsulin, auch *Insulin-like Growth Factors* (IGF) genannt. Beim Menschen werden IGF-1 und IGF-2 unterschieden. IGF-1 besteht aus 70, IGF-2 aus 67 Aminosäuren. Beide Somatomedine wirken *parakrin*, also von Zelle zu Zelle, aber auch *endokrin* über das Blut, wie die klassischen Hormone. Für IGF's gibt es im Blutplasma Bindungsproteine (55, 75). Die Effekte des Wachstumshormons werden nicht nur durch das Hormon selbst bewirkt, sondern werden auch durch die Somatomedine vermittelt.

Die Genlokalisation von IGF-1 befindet sich auf Chromosom 12. IGF-1 wird in der Leber, in Chondrocyten, Niere, Muskel und Hypophyse gebildet. Die Genlokalisation von IGF-2 befindet sich auf Chromosom 11. IGF-2 wird hauptsächlich in embryonalem Gewebe sowie in Tumoren gebildet. IGF-1 hat einen Gipfel in der Adoleszenz, nach dem 50. Lebensjahr kommt es zu einem Abfall (55). IGF-2 ist hauptsächlich während des fötalen Wachstums von Bedeutung, kommt aber auch, wie gesagt, in Tumoren vor. Die Synthese der IGF's wird vorrangig von Wachstumshormon, Insulin und Sexualhormonen bestimmt, außerdem von der Leberfunktion und vom Ernährungszustand (75).

Viele Wachstumsfaktoren entfalten ihre Wirkung über Rezeptoren, welche intrazellulär eine Tyrosinkinase-Aktivität aufweisen. Der PDGF-**Rezeptor** arbeitet z. B. folgendermaßen:

Nach Bindung des Liganden (PDGF) an den Rezeptor, welcher die Zellmembran einmal durchspannt, kommt es zur Dimerisierung zweier Rezeptormoleküle und zu einer Aktivierung der intrazellulär gelegenen Tyrosinkinase-Domäne. Die aktivierte Kinasedomäne phosphoryliert dann jeweils Tyrosinreste der anderen Rezeptoruntereinheit. Es kommt also zu einer Autophosphorylierung. Die entstehenden Phosphotyrosinreste dienen als spezifische Bindungsstelle für Proteine, welche weitere Signalwege in Gang setzen und die Wirkung der Wachstumsfaktoren auf molekularer Ebene ausmachen (55). Der IGF-1-**Rezeptor** ist ein Glykoprotein mit Ähnlichkeit zum Insulinrezeptor (s. u.). IGF's sind in der Lage an den Insulinrezeptor zu binden, wobei die Bindungsfähigkeit von IGF-1 für den Insulinrezeptor nur einem Hundertstel von Insulin selbst entspricht (75).

Zu den biologisch-organischen Wirkungen kann gesagt werden, dass die Funktionen der Wachstumsfaktoren nicht völlig aufgeklärt sind. Doch kann z. B. der PDGF das Wanderungsverhalten von Zellen beeinflussen. EGF's spielen beim Tumorwachstum eine Rolle (93).

Beide IGF's fördern die zelluläre Aufnahme von Glucose und Aminosäuren, die Glykogensynthese und die Lipogenese. Sie fördern die Zellvermehrung, die Zelldifferenzierung und die Zellproliferation. Viele Prozesse werden damit stimuliert, darunter das Knorpelwachstum (24), das Knochenwachstum, auch das Wachstum der Schleimhaut (45).

Auch **Schilddrüsenhormone** gehören zu den das Wachstum steuernden Hormonen:

Die Hormone der Schilddrüse sind das Trijodthyronin (T3) und das Thyroxin (T4), beide sind jodiert. Die jodfreie Grundstruktur der Hormone ist das Thyronin. Die funktionelle Einheit des Drüsengewebes ist das Follikel, das aus den eigentlichen hormonbildenden Follikelzellen besteht, die eine homogene Masse, das sogenannte Kolloid, als einschichtiges Epithel umschließen. Die Follikelzellen der Schilddrüse synthetisieren am rauen ER (endoplasmatisches Retikulum) aus ca. 100 Tyrosinresten die Hormonvorstufe Thyreoglobulin und geben diese an das Kolloid ab. Dort findet die Reaktion mit Jod statt, bei der über die Vorstufen Monoiodtyrosin und Diiodtyrosin durch Kondensation von 2 Diiodtyrosyl- beziehungsweise einem Monoiod- und einem Diiodtyrosylrest T4 und T3 entstehen. Die Hormone bleiben im Kolloid gespeichert und können bei Bedarf durch Proteasen, die das Thyreoglobulin abbauen, freigesetzt werden. Die Sekretionsrate beträgt etwa 70 bis 120 gammagramm proTag (53, 86).

Bei ihrer Tätigkeit wird die Schilddrüse über den Regelkreis Hypothalamus – Hypophyse – Schilddrüse gesteuert. Thyreoliberin (TRH) aus dem Hypothalamus wirkt auf die Hypophyse und setzt dort Thyreotropin (TSH) frei. Thyreotropin stimuliert insbesondere die Aufnahme des Thyreoglobulins in die Follikelzelle. Daneben stimuliert Thyreoliberin (TRH) auch die Wachstumshormonsekretion.

Als Gegenspieler fungiert Somatostatin, das die basale Thyreotropin (TSH)-Sekretion und die Antwort auf den Thyreoliberin-Sekretionsreiz vermindert (55). Zusammen mit der Hemmung von Wachstumshormon hat Somatostatin damit also eine zweifach wachstumshemmende Wirkung. Die Thyreotropinsekretion (TSH) unterliegt Tagesschwankungen, die Maximalwerte werden während des Schlafs erreicht. Die höchsten Konzentrationen werden um Mitternacht, die niedrigsten am Nachmittag gemessen. Der nächtliche Thyreotropin(TSH)-Gipfel wird durch Somatostatin unterdrückt (55).

Thyreoliberin (TRH) aus dem Hypothalamus bindet an seinen Zielzellen, den basophilen Hypophysenvorderlappenzellen, an seinen **Rezeptor** und vermittelt über cAMP und den Phophatidylinositolweg die Sekretion von Thyreotropin (TSH) (1, 55).

Das Glykoprotein Thyreotropin (TSH) wird von den basophilen Hypophysenvorderlappenzellen sezerniert. Der Thyreotropin-**Rezeptor** auf den Schilddrüsenzellen ist ein Mitglied der G-Protein gekoppelten Rezeptoren. Auf der extrazellulären Seite besteht er aus einer glykosilierten Domäne und einem Gangliosid, denen sich sieben transzelluläre Domänen und ein kurzer intrazellulärer Anteil anschließen. Die Ligandenbindung ist Aufgabe der Extrazellulärdomäne, die mit einer beta-Untereinheit des Hormons interagiert (1, 48).

Im Blut werden die Schilddrüsenhormone zu 99% an Transportproteine gebunden. Das wichtigste ist das Thyroxin-bindende-Globulin (TBG). Gebundene Hormone sind inaktiv. T3 ist weniger intensiv an Transportprotein gebunden und damit schneller beziehungsweise stärker wirksam als T4.

Thyroxin und Triiodthyronin sind Derivate von Aminosäuren. Sie durchwandern in einem sogenannten *erleichterten Transport* die Zellwand und die Kernmembran und treffen dort auf ihre spezifischen intranukleären **Rezeptoren** (1, 55). Dabei wird zwischen dem alpha- (TRalpha) und beta-Rezeptor (TRbeta) unterschieden. Sie fungieren nach ihrer Ligandenbindung als *Transkriptionsfaktoren*.

Die biologisch-organischen Wirkungen der Schilddrüsenhormone lassen sich nicht an einem Organ festmachen, sondern sie sind allgemeiner Natur und betreffen den gesamten Organismus: Sie steigern den Kohlenhydratstoffwechsel, den Lipidstoffwechsel und wirken in Hinblick auf den Proteinstoffwechsel anabol.

Unverzichtbar sind Schilddrüsenhormone beim Wachstum und bei der Reifung des Kindes. Gehirn und Knochen sind besonders betroffen. Liegt bei der Geburt eine fehl- oder unterentwickelte Schilddrüse vor, treten geistige Retardierung und dysproportionierter Zwergwuchs auf, falls nicht behandelt wird (23, 55).

Eine Unterfunktion der Schilddrüse gibt es als *Myxoedem* (oder als angeborene Hypo- oder Athyreose). Bei einem ausgeprägten Myxoedem kann es, neben anderen Symptomen, zu einer Verquellung der Stimmbänder mit rauer, tiefer, krächzender Stimme, einer sogenannten *Gießkannenstimme*, kommen. *Ein weiterer Hinweis, dass nicht nur Androgene auf die Stimme Einfluss nehmen.* T4 ist mitverantwortlich für den peripheren Effekt des Wachstumshormons und seine richtige Sekretion (90).

Als nächstes Hormon schließt sich nun das **Insulin** an:

Insulin gehört zu den Peptidhormonen und ist aus zwei Peptidketten zusammengesetzt, der 21 Aminosäuren langen A-Kette und der 30 Aminosäuren langen B-Kette. Beide Ketten werden durch Disulfidbindungen zusammengehalten. Das Insulin-Gen ist auf dem kurzen Arm des Chromosoms 11 lokalisiert (55).

Insulin wird in den B-Zellen der Langerhans'schen Inseln der Bauchspeicheldrüse synthetisiert. Die Menge des Insulins wird in internationalen Einheiten angegeben. Eine I. E. entspricht 7 Nanomol eines international festgelegten Insulinstandards aus Schweine- und Rinderinsulin.

Die Insulinsekretion wird durch verschiedene Substanzen gefördert. Unter anderem durch *Zucker* wie Glucose, *Hormone* wie Wachstumshormon, ACTH und Glucagon sowie *Enterohormone* wie Sekretin und Pankreozymin. Eine Hemmung der Insulinsekretion erfolgt beispielsweise durch 2-Desoxyglucose, Adrenalin und Insulin (90).

Die Wirkung des Insulins wird über den **Insulinrezeptor** vermittelt. Der Insulinrezeptor gehört zur Familie der Tyrosinkinaserezeptoren. Er besteht aus einem tetrameren Glykoprotein mit jeweils zwei alpha-Ketten mit 723 Aminosäuren und zwei beta-Ketten mit 620 Aminosäuren. Nur die beta-Ketten durchziehen die Zellmembran je einmal. Ihr im Cytoplasma liegendes C-terminales Ende ist in der Lage, Tyrosinreste in Proteinen zu phosphorylieren. Diese Kinaseaktivität der beta-Ketten wird durch die Bindung von Insulin an die extrazellulären alpha-Ketten induziert.

Der Unterschied zu anderen Tyrosinkinaserezeptoren besteht darin, dass der Insulinrezeptor nicht durch die Bindung seines Liganden dimerisiert, sondern schon als Tetramer in der Zellmembran vorliegt. Durch die Ligandenbindung kommt es lediglich zu einer Strukturänderung des Rezeptors, wodurch die Kinaseaktivität im intrazellulären Bereich aktiviert wird.

Der aktivierte Rezeptor phosphoryliert dann cytoplasmatische Adapterproteine, welche verschiedene intrazelluläre Signalwege aktivieren können (1, 55). Diese weiteren Signalwege sind jedoch noch nicht im Einzelnen erforscht. Jedenfalls schließen sich hier dann die biologisch-organischen Insulinwirkungen an:

Insulin ist ein systemisch wirkender Wachstumsfaktor. Seine biologisch-organischen Wirkungen sind vielgestaltig und können hier nicht alle erwähnt werden. Insulin ist ein zentrales Stoffwechselhormon. In erster Linie ist es als anaboles Hormon zu bezeichnen. Seine Effekte auf den Protein-, Lipid- und Glykogenstoffwechsel sind aufbauender Natur, also für das Wachstum unentbehrlich (90).

Andere das Wachstum beeinflussende **Substanzen**:

Ghrelin, ein aus 28 Aminosäuren bestehendes Peptidhormon, wurde vor kurzem gefunden (56). Es wird in der Magenschleimhaut produziert und beeinflusst über spezifische Rezeptoren in der Hypophyse die Produktion von Wachstumshormonen.

Weiter gibt es die *Integrine*. Dies sind Adhäsionsrezeptoren für die Anheftung der Zellen an die Matrix. Für das Zellwachstum sind sie unentbehrlich (44).

Eine andere Stoffklasse, die noch erwähnt werden kann, sind *Sauerstoffradikale*. Dies sind Verbindungen mit einem ungepaarten und dadurch sehr aktiven Elektron. Sie sind essentiell für die Regulation der Genexpression und das Zellwachstum (101). Allerdings können sie auch potenziell gefährlich sein, da sie oxidativen Stress bewirken.

Diese letztgenannten Substanzen sollen hier jedoch nicht weiter berücksichtigt werden.

Generell gilt für Hormone, dass die Expression von Rezeptoren in verschiedenen Zielgeweben in weiten Grenzen variiert. Diese Eigenschaft ist verantwortlich für die Hormonsensitivität der Gewebe und spielt so eine wichtige Rolle bei der Regulation spezifischer zellulärer Antworten auf im gesamten Organismus zirkulierende Hormone (53, 86).

Von Bedeutung ist dies beispielsweise für das Wachstum des Penis, der ja ab einer bestimmten Zeit aufhört zu wachsen, obwohl im Blut normale Testosteronkonzentrationen zirkulieren.

Ähnliches gilt auch für den Kehlkopf. Die Verhältnisse im Kehlkopf sind jedoch komplex. Androgenrezeptoren beispielsweise lassen sich dort normalerweise bis ins hohe Alter nachweisen (18).

Schlussfolgerungen

Zur Barockzeit gab es keine medizinisch-naturwissenschaftlichen Erkenntnisse zum Wachstum. Die notwendigen Grundlagen waren noch nicht verfügbar. Der Begriff Hormon beispielsweise entstand erst nach 1900. Die Erforschung der zugehörigen zellbiologischen Abläufe nahm erst dann ihren Aufschwung. Wissen zur Genexprimierung steht seit einigen Jahrzehnten zur Verfügung. Auch zur Signalbildung, Signalübermittlung, Signaltransduktion und Signallöschung gibt es erst seit neuerer Zeit Erkenntnisse. Rezeptoren nehmen bei solchen zellbiologischen Prozessen eine Schlüsselstellung ein.

Auf der molekularbiologischen Ebene ist aus experimentellen Untersuchungen an Chondrocyten (Knorpelzellen) unterschiedlicher Provenienz bekannt, dass in ihnen Gene exprimiert werden können, die für Rezeptorproteine aller das Wachstum steuernden Hormone codieren (3, 18, 31, 34, 63, 67, 70, 72). Diese Rezeptoren sind für ihre Liganden weitestgehend spezifisch, eine Konkurrenz um den Rezeptor findet nicht statt. Alle genannten wachstumsfördernden Hormone können an ihren jeweiligen Rezeptoren als Liganden andocken und nach Signaltransduktion Wachstum bewirken. Auf das Wachstum des Kehlkopfs können also, neben Testosteron, auch andere Hormone einwirken.

a) Verhältnisse vor der Pubertät

Dass das Kehlkopfwachstum nicht allein durch Testosteron bedingt sein kann wird schon daraus erkennbar, dass normalerweise der Kehlkopf in der Zeit zwischen ½ Jahr und etwa 10 Jahren wächst, obwohl in dieser Zeit keine nennenswerte gonadale Testosteronproduktion stattfindet.

In dieser Zeit wirkt vor allem das **Wachstumshormon**. Entsprechende Rezeptoren sind im Kehlkopf vorhanden, sonst könnte er nicht wachsen. Dabei ist bekannt, dass das Wachstumshormon die Exprimierung seiner eigenen Rezeptorgene steuern kann (66).

Aber auch die anderen wachstumsfördernden Hormone wirken auf ihn. Diese Hormone wirken trotz eventueller Kastration.

*Das heißt, das **vorpubertäre Wachstum** des Kehlkopfs wird durch eine praepuberale Kastration nicht gestoppt.*

Hinge das Kehlkopfwachstum *nur vom Testosteron allein* ab, würde der Kehlkopf bei Kindern, die mit 6-9 Jahren kastriert werden, in seiner Entwicklung stehen bleiben. Er behielte die Größe, die er bei der Kastration hatte. Die weiter Heranwachsenden hätten es dann ab der Kastration zunehmend mit einer Stenose (Enge) zu tun.

b) Verhältnisse während der Pubertät

Mit etwa 10 Jahren beginnt normalerweise die gonadale Testosteronproduktion und steigert sich bis zum Beginn der **Pubertät** (mit etwa 11 Jahren), wo sie dann stark ansteigt. Dieser starke Anstieg des gonadalen ***Testosterons*** bewirkt den Wachstums**schub** des Kehlkopfs.

Dieser **Schub** fällt nach einer *praepuberalen Kastration* (im Alter von 6-9 Jahren) infolge Testosteronausfalls weg.

Trotz dieses Ausfalls des gonadalen Testosterons wirken jedoch die anderen wachstumsfördernden Hormone auf den Kehlkopf ein. Ansonsten würde für den noch wachsenden Organismus (Körperwachstum bis etwa 18-20 Jahre) des Betreffenden wiederum eine Stenose (Verengung) entstehen. Niemand könnte damit gut leben oder singen.

Für das Wachstum des Kehlkopfs, ohne gonadales Testosteron, ist wiederum besonders das ***Wachstumshormon*** verantwortlich. Das Wachstumshormon wirkt als Effektorhormon auf nahezu alle Zellen, außer auf Keimzellen, also auch auf den Kehlkopf mit seinen Bestandteilen wie Knorpelgerüst mit Muskulatur sowie Stimmlippe, bestehend aus Epithel, Schleimhaut, Lamina propria und Musculus vocalis. Damit ist auch der Reinke'sche Raum betroffen (5, 71).

Das Wachstumshormon erreicht eine starke Produktionsrate während der Pubertät.

Von den **Wachstumsfaktoren** ist vor allem IGF-1 bedeutsam, das mit dem Wachstumshormon das Wh-IGF-1-System bildet. Dieses System ist lange Zeit aktiv. Die IGF-1-Produktion ist von verschiedenen Faktoren, wie dem Wachstumshormon selbst, abhängig und erreicht während der Adoleszenz einen Gipfel.

Dass sich Wachstumshormon und ***Schilddrüsenhormone*** gegenseitig beeinflussen, wurde erwähnt. Auch dieser Synergismus wirkt trotz eventueller Kastration.

Insulin wirkt ebenfalls anabol wachstumsfördernd. Auf den Musculus vocalis sowie die gesamte laryngeale Muskulatur kann eine solche Wirkung, unabhängig vom Testosteron, angenommen werden.

*Das heißt, **auch während der Pubertät** lässt sich das Wachstum des Kehlkopfs durch eine praepuberale Kastration nicht vollständig stoppen.*

Bei einer normal ablaufenden Entwicklung wächst der Kehlkopf in normalen Proportionen. Wenn aber ein Hormon, nämlich das gonadale Testosteron, durch Kastration *ausfällt* und *die anderen wachstumsfördernden Hormone weiter wirken*, wird er dysproportional. In dieser *Dysproportionalität* passt nichts mehr richtig zusammen. Es entsteht eine *veränderte laryngeale Mikromechanik*. Der Kehlkopf ist dadurch in seiner Funktion bis in den Reinke'schen Raum hinein verändert, und es resultiert eine *Stimmstörung* (71). Eine höchst sensible, fein austarierbare Funktion, wie sie für den Kunstgesang benötigt wird, ist in der notwendigen Form dann nicht mehr gegeben.

Wir sehen also, dass eine Kastration nicht zu dem führt, was allgemein angenommen wird. Die Knabenstimme bleibt nach einer Kastration nicht erhalten, sondern sie entwickelt sich zu einer gestörten, nicht mehr anspruchsvoll gesangsfähigen Stimme. Für ein künstlerisches Singen wird der Kehlkopf unbrauchbar.

Zusätzlich noch eine Anmerkung:

Die Hauptmenge der Androgene wird in den Gonaden gebildet. Die in der NNR gebildeten Androgene sind sowohl in der *Menge* als auch in der *Wirkung* geringer. Eine Wirkung auf den Kehlkopf wird verneint. Aber selbst wenn NNR-Androgene quasi ersatzweise für das nach einer Kastration ausgefallene gonadale Testosteron in geringem Umfang hereinspielen sollten, wäre die normale Entwicklung des Kehlkopfs und damit seine Mikromechanik trotzdem verändert.

c) Verhältnisse nach der Pubertät

Auch *nach der Pubertät* muss sich der Kehlkopf unter entsprechenden Anforderungen, zumindest in gewissem Umfang, noch verändern können. Wie heute bekannt ist, reagiert der Kehlkopf bis ins Alter hinein auf hormonelle Gegebenheiten.

»Bedauernswerte Kreaturen«? Zur psychischen Situation der Sängerstars

Eine interessante Frage ist, weshalb die Sängerstars so sehr als »*Kastraten*« in Erscheinung traten; warum haben sie das »kastriert sein« nicht eher heruntergespielt? Vor allen Leuten auf der Bühne als kastriert dazustehen ist doch schwierig, fast beschämend. Aber im Gegenteil: Die Sängerstars stellten diese »Tatsache« in den Vordergrund und trugen sie ungeniert nach außen.

Sie waren Gesprächsthema bei vielen Leuten; sozusagen alle Welt steckte die Köpfe über sie zusammen. Am meisten beschäftigte die damaligen Zeitgenossen vermutlich die erotische Komponente des Ganzen; sie erregte die Gemüter am stärksten. Häufig wird das besondere Interesse der Damen erwähnt.

Mit ihrer *hohen Stimmlage* waren die Sänger gewissermaßen nicht »normal«. Wie ließen sich außerdem ihre *weiteren irritierenden Auffälligkeiten* erklären? Für viele ein faszinierendes Thema.

Neben der *hohen Stimmlage* zeichneten sich die Sänger nach der allgemeinen Auffassung durch folgende Besonderheiten aus: Sie seien *geschlechtslos* gewesen. Mit dieser Annahme kommt die Vorstellung des *Zwitterhaften* ins Spiel: Die Kastraten hatten ja gleichzeitig etwas Männliches und etwas Weibliches. Verstärkt wird die Tendenz des sexuell nicht Eindeutigen durch Äußerungen, sie hätten auf offener Straße Frauenkleider getragen, hätten also so etwas wie ein *transvestitisches Symptom* gezeigt. Auch ihr angebliches Aussehen mit dem der Kastration zugeschriebenen, sogenannten *weiblichen Fettverteilungstyp* gehört zu diesen irritierenden Auffälligkeiten.

Von aller Welt wurden sie als »kastrierte« und »bedauernswerte Kreaturen« betrachtet. Man sah die Auswirkungen davon in augenfälliger Weise. Aber passt denn wirklich alles in den Rahmen einer Kastration, oder gibt es etwa eine ganz andere Erklärungsmöglichkeit?

Was zur *hohen Stimme durch Kastration* zu sagen ist, haben wir in den vorangegangenen Kapiteln gesehen. Das andere wollen wir jetzt besprechen.

Selbst wenn wir unterstellen, dass bei den Sängern eine Kastration stattgefunden hätte, wären es ursprünglich doch ganz normale, biologisch eindeutige Knaben gewesen. Lediglich die Hormon produzierenden Geschlechtsorgane, nämlich die Hoden, wären ihnen dann genommen worden. Damit wären sie aber nicht »*geschlechtslos*« gewesen, sondern wären in ihrem biologischen Geschlecht männlich geblieben. Dieses wird nämlich wesentlich von *vorgeburtlichen* chromosomalen (beziehungsweise genetischen), gonadalen, endokrinen sowie genitalen Faktoren bestimmt. Lediglich die *nachgeburtlichen* gonadal-endokrin-genitalen Faktoren wären aber durch eine Kastration beeinträchtigt worden.

Außerdem war zum Zeitpunkt der Kastration die *Kerngeschlechtsidentität* längst festgelegt und in ihrer Entwicklung abgeschlossen. Um etwas über *Geschlechtsidentität* zu erfahren, legt sich eine Betrachtung der *psychosexuellen Entwicklung* nahe. Drei Begriffe sind hier wesentlich.

Aus psychoanalytisch-soziologischer Sicht zeigt sich, dass Kinder schon bald nach der Geburt beginnen, ihre *core gender identity* (Kerngeschlechtsidentität) zu entwickeln und im weiteren Verlauf bis zum Alter von etwa 2-3 Jahren zu etablieren. »Sie sagt etwas aus über das bewusste und unbewusste Erleben des biologischen Geschlechts: ich bin ein Mann, oder ich bin eine Frau.« (61) Diese *core gender identity* dürfte bei den Sängerstars ebenso entwickelt gewesen sein wie bei anderen Kindern auch. Eine Störung dürfte nicht häufiger gewesen sein als im Durchschnitt der Bevölkerung. Schließlich sind diese Kinder bis zum Beginn ihrer Gesangsausbildung nicht anders aufgewachsen als andere Kinder.

Die *role gender identity* (Geschlechtsrollenidentität) entwickelt sich lebenslang und ist entsprechenden Veränderungen unterworfen. »Sie lässt sich als das Insgesamt der Erwartungen an das eigene Verhalten, wie auch an das Verhalten des Interaktionspartners auffassen. Ich selbst definiere mich als männlich, deswegen erwarte ich von dir, dass du mich auch als männlich einschätzt und Erwartungen an mich hast, die man einem Mann gegenüber hat, Bedürfnisse und Wünsche an mich richtest, die von einem Mann befriedigt werden können und Ängste und Vorbehalte mir gegenüber hast, die man normalerweise Männern gegenüber hat. Im Verlauf des primären Sozialisationsprozesses erwirbt ein Kind eine Anzahl von kulturspezifischen Vorschriften und Normen, welches Verhalten, aber auch welche Persönlichkeitsmerkmale bezüglich seines biologisch männlichen oder weiblichen Geschlechts in bestimmten Situationen und Interaktionskontexten erwünscht sind ...« (61).

In dieser Hinsicht könnten sich die Sänger bald nach Beginn ihrer Ausbildung nach dem gerichtet und entwickelt haben, was von ihnen als »Kastraten« erwartet wurde. Ihre *peer group* sowie ihr *weiteres Umfeld* (52) kann dabei wirksam gewesen sein. (Diese soziologischen Termini lassen sich allerdings nur unter Vorbehalt auf die damalige Situation anwenden.)

Je mehr sie im Bekanntheitsgrad stiegen, desto mehr wurde den Sängern ihre Rolle als *bedauernswerte, aber bewunderte Kreaturen* zugewiesen, und sie haben sie angenommen. Schließlich brachte sie ihnen zunehmend Vorteile; wenn auch um den Preis des Festgelegtseins auf die Rolle. Dabei wurde ein hohes Maß an Exzentrik toleriert beziehungsweise sogar gefordert.

Individuell unterschiedlich ausgeformt kann die *sexual partner orientation* (Geschlechtspartner-Orientierung) der Sänger gewesen sein. »Sie erfährt ihre erste Ausprägung in der Kindheit, obwohl sie erst im Verlauf adoleszenter Reorganisierungsprozesse ihre endgültige Ausgestaltung annimmt.« (61) Diese Geschlechtspartnerorientierung wird so unterschiedlich gewesen sein, wie sie es bei anderen Menschen auch ist. Entsprechend gibt es Hinweise auf homosexuelle und heterosexuelle Affären oder auch Ehen von *Sängerkastraten* (77).

Auch aus diesem Betrachtungswinkel sehen wir also, dass von »Geschlechtslosigkeit« der Sänger keine Rede sein kann.

Zum *Zwitterhaften* ist Folgendes zu sagen:

Ein *Zwitter* (Hermaphrodit) ist ein Mensch, der schon eine *vorgeburtliche Störung in der Geschlechtsentwicklung* erleidet, und zwar auf der chromosomalen beziehungsweise *genetischen Ebene* (96). Die Auswirkung der Störung liegt dann schon bei der Geburt vor, dergestalt, dass Geschlechtsorgane beider Geschlechter vorhanden sind. Diese Störung wird heute zu den Intersex-Syndromen gerechnet. An einer solchen Störung litten die Kinder aber ganz sicher nicht. Nirgends wird bezweifelt, dass es ganz normale Knaben waren.

Auffällig ist auch, dass nur bei den berühmten Sängerstars von solchen Dingen geredet wurde, nicht aber bei den angeblich vielen tausend anderen »kastrierten« Kindern, die nicht so berühmt waren. Bei ihnen müssten aber solche Dinge doch auch aufgefallen sein, wenn sie wirklich vorhanden gewesen wären.

Das allürenhafte Auftreten der Sängerstars, mit dem sie ihre teilweise übersteigerte Virtuosität zu Markte trugen, war wohl häufig Anlass für Spekulationen (48). Es gibt Äußerungen über sie, die ihr »Anderssein« gegenüber »normalen« Menschen belegen sollen. Einiges davon geht in Richtung »*Transvestitismus*«. Sie sollen, wie schon gesagt, auf offener Straße Frauenkleider getragen haben.

Für das Tragen von Kleidern des anderen Geschlechts gibt es, von seltenen Ausnahmen abgesehen, *zwei Ursachen* (96):

Einerseits einen *fetischistischen Transvestitismus*. Dieser stellt eine *Störung der Sexualpräferenz* dar und zählt zu den Paraphilien (früher Perversionen). Das Tragen von Frauenkleidern dient dabei der Steigerung der sexuellen Erregung. Er wird eher verheimlicht beziehungsweise meist in einer exklusiven Szene ausgelebt, kaum unter den Augen der Öffentlichkeit. Gelegentlich findet er auch im Rahmen von Prostitution statt. Charakteristischerweise löst er in der Öffentlichkeit Ablehnung aus.

Die Barockzeit wird kaum permissiver als die heutige Zeit damit umgegangen sein. Wenn die Menschen zur Barockzeit aber auf ein »*transvestitisches Phänomen*« mit *Interesse* und *Zugewandtheit* reagierten, weist dies darauf hin, dass es ein vorgetäuschtes, gezielt zur Schau gestelltes war.

Dass es sich bei den Sängerstars um einen fetischistischen Transvestitismus gehandelt hat, kann stark bezweifelt werden. Jedenfalls sind andere paraphile Verhaltensweisen bei den Sängern nicht bekannt geworden.

Andererseits kommt eine *Transidentität* (früher Transsexualität) für das Tragen von Kleidern des anderen Geschlechts in Frage. Die Betroffenen sind mit ihrem biologischen Geschlecht unzufrieden und fühlen sich innerlich dem Gegengeschlecht zugehörig. Ein biologischer Mann fühlt sich also als Frau beziehungsweise umgekehrt.

Die Transidentität zählt als *Störung der Geschlechtsidentität* und kann nicht zu den Paraphilien gerechnet werden. Das Tragen der gegengeschlechtlichen Kleidung dient dabei eher der inneren Beruhigung. Es gibt sozusagen beruhigende Gewissheit, dem richtigen Geschlecht zuzugehören. Heute verlangen solche Menschen oft nach einer geschlechtsangleichenden Operation (96).

Davon, dass die Sängerstars mit ihrem biologischen Geschlecht unzufrieden waren, also von Tendenzen in Richtung Transidentität, ist nichts bekannt.

Soweit man es aus der jetzigen Zeit beurteilen kann, kommt also für das Tragen von Frauenkleidern durch die Sängerstars, *wenn es denn wirklich stattgefunden hat*, weder eine Störung der Sexualpräferenz noch eine Störung der Geschlechtsidentität in Frage.

In der Medizin ist nichts darüber bekannt, dass eine Kastration zwangsläufig eine Störung der Sexualpräferenz oder eine Störung der Geschlechtsidentität nach sich zieht. Zur Entstehung eines fetischistischen Transvestitismus beziehungsweise einer Transidentität gibt es bisher keine sicheren, kausalen Vorstellungen. Alle Theorien, gleich welcher Art, bleiben unschlüssig. Am ehesten kommt ein Zusammenwirken mehrerer Faktoren in Betracht (96).

Als nächsten Punkt wollen wir über das *angebliche Aussehen* reden, das den Sängerstars zugeschrieben wurde. Der einer Kastration zugewiesene sogenannte *»weibliche Fettverteilungstyp«* hat sicherlich falsche Meinungen über sie unterstützt; vielfach begleitet von Karikaturen. Bei näherer Betrachtung blieb allerdings schon früher nichts von solchen Vorurteilen beziehungsweise Zuschreibungen übrig (30).

Ein veränderter Fettverteilungstyp als Folge einer Hormonverschiebung käme zwar nach einer Kastration in Frage, lässt sich aber bei keinem Sänger wirklich belegen. Es gibt wohl kaum jemanden, der die Sänger im unbekleideten Zustand gesehen hat und *verlässlich* berichten konnte, sie seien kastriert gewesen und hätten weiblich erscheinende Brüste oder sonstige Umverteilungen des Fettgewebes aufgewiesen. Dem Ganzen haftet der Charakter einer Zuschreibung an, mit aus der damaligen Zeit zu verstehender, entwertender Tendenz. Das reale Aussehen der Sänger lag mit größter Wahrscheinlichkeit im Rahmen der üblichen Variationsbreite, mit eventuellen *Fettpölsterchen als Wohlstandsfolge*.

Fassen wir noch einmal zusammen:

Die »Auffälligkeiten« der Sängerstars lassen sich nicht mit einer allen gemeinsamen Ursache in Verbindung bringen. Eine Kastration bildet keine gemeinsame Grundlage für eine *hohe Stimme*, *Geschlechtslosigkeit*, *Zwittrigkeit*, *Transvestitismus* beziehungsweise *Transidentität*, *Fettverteilungsstörungen*.

Lediglich eine hohe Stimme sowie eine stärkere Fettverteilungsstörung ließen sich, bei gesicherter Pathologie, dadurch plausibel machen. Wenn aber ein gemeinsamer Hintergrund für die erwähnten »Auffälligkeiten« nicht in einer Kastration zu finden ist, was könnte dann in Frage kommen?

Das Ganze kann am ehesten im Rahmen einer Strategie gesehen werden, die darauf abzielte, den Bekanntheitsgrad zu steigern, und damit den Marktwert, will sagen das persönliche Einkommen zu maximieren. Der Bekanntheitsgrad der Sänger war so groß, dass noch heute, rund 300 Jahre später, fast jeder den Begriff »Sängerkastrat« kennt und die meisten ihn ohne Weiteres der Barockoper zuordnen.

Dadurch, dass die Sänger »ihre Kastration« in den Vordergrund spielten, war ihnen Aufmerksamkeit in höchstem Maß garantiert. Gleichzeitig konnte das Label »Kastrat« wie ein Gütesiegel wirken, das für hohe gesangliche Qualität bürgte. Die resultierenden Vorteile verstanden die Sänger geschickt zu nutzen. Zwar wurden sie einerseits als »bedauernswerte Kreaturen« behandelt (bzw. entwertet), letztendlich waren sie aber doch berühmte und hoch bezahlte Weltstars.

Georg Friedrich Händel beispielsweise musste enorme Summen aufwenden, um die Sänger verpflichten zu können. *Farinelli* wurde von König Philipp V. an den spanischen Hof berufen und spielte dort eine bedeutende Rolle. Andere Sänger waren vermögend, lebten in beträchtlichem Luxus.

Die »Auffälligkeiten« sind somit als *Programm, nicht als Störung* zu sehen. Wir können die Sängerstars statt als »bedauernswerte Kreaturen« ohne weiteres als erfolgreiche, sogar gerissene Geschäftsleute bezeichnen, gewissermaßen als »clevere Typen«.

»Barocke Blüten«

Über Kastrationen ist mittlerweile einiges geschrieben worden. Viele Aspekte sind untersucht worden, teilweise sehr ausführlich. Allen Veröffentlichungen ist jedoch eines gemeinsam: Es gibt *keine harten Daten*. Es wird viel von Kastration und kastrierten Sängern geredet, aber beweisen, ob tatsächlich jemand kastriert wurde, kann niemand. Selbst »Verträge«, die in italienischen Staatsarchiven lagern und die Ausbildung von Kindern zu Sängern, einschließlich ihrer Kastration, zum Inhalt haben (77), beweisen nicht, dass tatsächlich eine Kastration durchgeführt wurde. Sie sind, bei genauem Hinsehen, so vage gehalten, dass sie nicht als Beweis taugen.

Schon zur Barockzeit sind Zweifel aufgekommen, ob die Sänger wirklich kastriert waren. Ausführliche Werke kommen nicht umhin, darauf hinzuweisen (30, 36). Bei deren Lesen tauchen dann *noch weitere Fragen* auf, die in vielen Bereichen, genauso wie die eigentliche Frage nach der Realität der Kastrationen selbst, die Medizin berühren. Da sie recht interessant sind, wollen wir hier näher darauf eingehen:

Zum Beispiel sei »*berechnet*« worden, dass im 18. Jahrhundert »*jährlich mehr als 4000 Knaben in Italien kastriert*« wurden (36). Dieser Behauptung folgt weder eine Quellenangabe noch ein Hinweis, *wie oder gar von wem* diese Zahl berechnet wurde. In derselben Monografie wird für Kastrationen erstaunlicherweise ein Operationsrisiko von 75% genannt. Woher diese Zahl stammt, bleibt aber wiederum offen. Es wird auch nicht geklärt, was die Zahl bedeutet.

Nimmt man diese Zahl von kastrierten Kindern ernst, ergeben sich ganz bestimmte Folgerungen. Einerseits lassen sich damit zwar die Vorstellungen über das *Kastratenwesen* aufrecht erhalten; es gab so auf jeden Fall genügend Kastraten, um den *Bedarf* an den europäischen Opernhäusern zu decken. Andererseits ergibt sich eine andere Konsequenz:

Als Operationsverfahren wäre ja, wegen des sehr hohen Risikos der Hodenentfernung, allenfalls das ***scharfe Durchschneiden des Samenstrangs*** in Betracht gekommen, was auch so postuliert wird (»evviva il coltellino«). Mit dem dabei angenommenen Operationsrisiko von etwa 50% wäre pro Jahr dann aber mit 2.000 Kinderleichen zu rechnen gewesen. Unterstellt man gar das in der erwähnten Monografie (36) genannte Risiko von 75%, wären sogar 3.000 Kinderleichen pro Jahr vorhanden gewesen. Da waren also nicht einfach 4.000 kastrierte Kinder, die dann größtenteils, weil ja nur wenige davon Sängerstars werden konnten, irgendwo in kirchlichen Einrichtungen (Chören) etwa unterkommen mussten, sondern davon gab es 50% Tote. *Im ganzen genannten Zeitraum* (von 1600-1750) gab es somit etwa 300 000 (!) tote Kinder. Wird das Risiko von 75% unterstellt, wären es sogar 450 000 tote Kinder gewesen. Wohin mit diesen vielen Kinderleichen? Wer hätte sie wann und wo beerdigt? Hier wäre eine düstere Infrastruktur großen Ausmaßes notwendig gewesen. Bis heute ohne jegliche Spuren?

Selbst wenn die Eltern geschwiegen hätten, die *vielen Kinderleichen* wären von der Öffentlichkeit doch nicht unbemerkt geblieben und völlig reaktionslos hingenommen worden. Für Italien war und ist eine bemerkenswert starke soziale Vernetzung charakteristisch (40). Die Bruderschaften beispielsweise, von denen manche auch Frauen aufnahmen, spielten eine bedeutende Rolle im sozialen, karitativen und religiösen Leben. Jeder kannte Jeden; sowohl auf dem Lande als auch in der Stadt. Italien ist bis heute durch eine besondere Orientierung auf die Familie gekennzeichnet. Damals gab es kaum einen Wert, der höher stand. Ausgerechnet diese stark familien- beziehungsweise kinderorientierte Gesellschaft soll einfach zugelassen haben, dass Kinder in so hohem Maß dem Tod überantwortet wurden?

Natürlich kann man sagen, dass wegen der schwierigen wirtschaftlichen Verhältnisse, gerade bei kinderreichen Familien, Kinder leicht weggegeben wurden, zur Kastration sozusagen freigegeben, gegen Geld. Sie hatten dann angeblich Aussicht auf eine Zukunft als Sängerstar oder Chorsänger und waren versorgt. Die Eltern konnten finanziell etwas befreiter leben.

Dass aber so viele Eltern ihre Kinder dem drohenden Tod auslieferten, erscheint unglaubwürdig. In Einzelfällen mag so etwas möglich sein, in so hoher Zahl kaum. Im Gegenteil, gerade wegen der großen Kindersterblichkeit (man denke auch an die zusätzlichen Dezimierungen durch die Pest) sind

Eltern doch wohl eher froh, wenn ihre Kinder aufwachsen können. Sie werden sie kaum freiwillig hergeben und einem solchen Schicksal ausliefern.

Ganz nebenbei wäre auch noch die Frage offen, in welchen Chören all die vielen Chorsänger hätten unterkommen sollen. Jedes Jahr etwa 4000 neue Choristen. Hätte das nicht bald alle Möglichkeiten überfordert?

Auch damalige Wundärzte lebten von ihrem guten Ruf. Eine hohe Zahl von Toten bei Operationen schädigt den Ruf sofort; kaum jemand konsultiert dann noch solche Leute. Dass Heilberufler, bei unklaren oder unerwarteten Todesfällen ihrer Patienten, schon immer in die Kritik kamen, zieht sich durch die gesamte Entwicklung der Medizin. Der Staat schreitet hier immer in besonderem Maße ein, bis hin zu schwerer Bestrafung. Das wäre wohl auch damals geschehen. Davon ist aber nichts bekannt.

Als nächstes kann in diesem Zusammenhang die Aussage Burneys (16), eines Engländers, aufgegriffen werden, *der 1770 auf seiner Reise durch Italien schon feststellte, das nirgends Gewissheit über eventuell ausgeführte Kastrationen zu erlangen war.* Er wurde auf seine Nachfragen zu diesem Thema herumgeschickt, von einem Ort zum anderen; niemand konnte eine definitive Aussage machen. Schließlich gibt der *britische* Konsul *Jamineau* für seinen Landsmann den Kundigen und nennt ihm *Leocia* in Puglia als den Ort, aus dem die jungen Kastraten kommen. Seine Aussage wird von dem anwesenden neapolitanischen Arzt *Dr. Cirillo* »bestätigt«. Leocia ist nun aber, zumindest nach heutigen Karten, eine winzige Häuseransammlung in Mittelitalien. Kaum geeignet als Zentrum der ominösen Kastrationen. Handelt es sich also um Unkenntnis, oder liegt ein Druckfehler vor? Sollte es sich vielleicht um den Ort *Lecce* handeln, wie häufig zu lesen ist? Nach anderen Aussagen (69) war das umbrische Kleinstädtchen *Norcia* der Ort der Kastrationen.

Es ist nun weniger ausschlaggebend, ob Neapel, Lecce oder Norcia der Ort der angeblichen Kastrationen war. Entscheidender sind andere Dinge, z. B. dass ein Wundarzt alleine all diese Operationen sicher nicht geschafft hätte. Es wären ja mindestens 10 Operationen, jeden Tag im Jahr, notwendig gewesen, rundet man der Einfachheit halber etwas ab. Nimmt man 3 Wundärzte an, hätte jeder etwa 3 bis 4 Operationen täglich bewältigen müssen. Das erscheint machbar. Besser wäre, mindestens 5 Wundärzte am Ort zu postulieren.

Eine höhere Zahl wäre wegen der notwendigen *Geheimhaltung* problematisch. Kastrationen waren schwer sanktioniert. Die Geheimhaltung funktionierte aber; wir wissen, wie Burney, bis heute nichts Sicheres über Orte, an denen kastriert wurde.

(Allerdings können wir eine derartig fabrikmäßige »Abfertigung« natürlich nicht als real nehmen. Um einige grundsätzliche Überlegungen anzustellen, können solche Zahlen aber schon dienen.)

Zu diesen Wundärzten wäre zusätzlich noch medizinisches Personal erforderlich gewesen. Mindestens bei jedem Wundarzt zwei kräftige Männer, zum Halten der nicht narkotisierten Kinder, eher aber vier bis fünf, für jede Extremität einer sowie einer zum Halten des Kopfes. Eventuell auch noch ein zusätzlicher assistierender Helfer. Diese Wundärzte hätten sozusagen professionelle Unternehmer mit beträchtlichem Personalaufwand sein müssen. Wäre das geheim geblieben?

Jemand hätte für Verbandsmaterial sorgen müssen, das kontinuierlich verbraucht wurde und nachbeschafft werden musste. Möglicherweise wurde es beim Wundarzt selbst hergestellt. Es wären jedenfalls größere Mengen erforderlich gewesen. Wieder eine Personalfrage. Als Abfall hätte es, neben den anfallenden Organteilen, in beträchtlichem Umfang entsorgt werden müssen. Nicht nur von wem, ist die Frage, sondern auch wohin. Man muss sich das richtig klar machen: blutiges, ekelerregendes Material, jeden Tag. Es gab keine Müllabfuhr. Die hygienischen Verhältnisse mag man sich nicht weiter vorstellen. Bekanntlich sind Wundinfektionen in stationären Einrichtungen häufiger als außerhalb. Das wäre dann wohl auch hier so gewesen.

Zum Operieren wären auch akustisch besonders abgeschirmte Räume erforderlich gewesen, welche die Schmerzlaute der nicht effektiv narkotisierten Kinder nach außen hin unterdrückten. Es durfte ja nichts von der Öffentlichkeit bemerkt werden.

Und die noch weinenden, verbundenen Kinder mit den besorgten Begleitpersonen, die nach der Operation die Räume verließen – wohin haben sie sich begeben? Die Kinder mussten doch erst einmal getröstet und beruhigt werden. Wie viele Kinder derart stark traumatisiert waren, dass ein Transport ein schwieriges Unterfangen war, kann offen bleiben. Jedenfalls wäre das auf Dauer aufgefallen. Niemand soll etwas bemerkt und angezeigt haben? Über 150 Jahre lang nicht?

Gerade bei Verhältnissen, wo alles im Verborgenen und möglichst schnell vonstattengehen soll, würden sich die im chirurgischen Teil erwähnten operationsrelevanten Faktoren, in Folge von Unkenntnis und Nichtbeachtung, besonders negativ auswirken.

Hier käme dann alles zusammen, was das Operationsrisiko in die Höhe treibt. Kaum etwas wäre in solchen Verhältnissen steuerbar und vieles könnte sich zu einer unbeeinflussbaren, unkontrollierbaren Situation entwickeln. Letztendlich hätten Patienten in solchen Verhältnissen noch weniger Chancen als sonst zu überleben.

Wenn für die Kastrationen ein kleinerer Ort, wie etwa Norcia, unterstellt wird, müssen wir fragen, wie die damaligen Verkehrsbedingungen ausgesehen haben sollen, um die Zahl der Reisenden täglich zu bewältigen. Eine bestens funktionierende logistische Struktur wäre erforderlich gewesen.

Die Reisewege müssten jederzeit intakt gewesen sein. Wie wären die Reisen getätigt worden? Zu Fuß, über welche Distanzen? Für weiter herkommende Kinder wären Übernachtungsmöglichkeiten, unterwegs und am Zielort, notwendig gewesen. Außerdem hätten solch kleine Kinder ja nicht alleine reisen können. Lediglich die Mütter mit ihnen loszuschicken, wäre wohl auch nicht immer ratsam gewesen. Angehörige als Zusatzbegleitung wären zumindest in vielen Fällen zu erwarten gewesen. Die Leute brauchten aber nicht nur Übernachtungsmöglichkeiten, sondern auch Essen und Trinken. Auch sanitäre Möglichkeiten müssten da vorhanden gewesen sein.

Um die 20 bis 30 Leute wären jeden Tag etwa erschienen, geht man von der oben (36) genannten Zahl von Kastrationen aus. Da wäre ein Kommen und

Gehen größerer Art im Gang gewesen. Das Ganze hätte ohne Zweifel eine routinierte Versorgung auf vielen Ebenen erfordert, mit nahezu maschinenhaft ablaufendem Gepräge. Tag für Tag. Auch in einer Großstadt wie Neapel hätte so etwas nicht verborgen bleiben können.

Erwähnungen, manche Väter hätten ausgiebige Reisen mit den Kindern unternommen, um die Sache zu verschleiern, weisen indirekt wieder auf das Kosten- und Logistikproblem hin. Lange Reisen beinhalten auch die Möglichkeit von Überfällen, eine im Barock nicht gerade seltene Angelegenheit. Wer reiste, musste Geld bei sich haben.

Nebenbei bemerkt: Wer hätte all diese Reisen denn bezahlen sollen? Reisen war auch damals teuer. Angeblich waren es aber doch gerade sehr arme Familien, die in Frage kamen.

Denkt man statt an ein zentrumähnliches Geschehen in einem Ort an *fahrende Wundärzte*, welche diese Operationen durchgeführt hätten, kommt sofort deren Ausbildungsniveau ins Spiel. Die Resultate wären wohl noch verheerender als bei sesshaften Wundärzten gewesen. Man braucht nur Lorenz Heister zu lesen, um eine Vorstellung vom Treiben damaliger fahrender Wundärzte zu bekommen.

Ein weiterer Punkt, der eine Betrachtung lohnt:

In den meisten Abhandlungen klingt an, die Kinder seien in den *Conservatorien* auf ihre *musikalische Eignung hin getestet* worden (36). Waren sie für gut befunden, seien sie in ihren jeweiligen Heimatort entlassen worden, zur alsbaldigen Kastration, da in den Conservatorien selbst, wegen des Verbots, nicht kastriert werden durfte. Dann schweigen aber die Texte bezüglich dessen, wie es weiterging. Merkwürdig wird die Angelegenheit dadurch, dass die Kinder, um in einem Conservatorium aufgenommen zu werden, als ausgesetzte Kinder, also *Findelkinder*, aufgefunden worden sein mussten (69). Niemand wusste dann aber doch, wo sie herkamen, wer ihre Eltern waren. Wie sollten sie in einen Heimatort entlassen werden?

Weitere Zweifel an der ganzen Sache kommen durch den ständig wiederholten Hinweis auf die *großen Brustkörbe*, welche die Kastraten befähigt haben sollen, den Ton mehrere Minuten lang auszuhalten beziehungsweise an- und abschwellen zu lassen (36, 69), auf. Von *Farinelli*, dem wohl berühmtesten der Sängerstars, ist einigermaßen verlässlich belegt, welch hageren Körperbau er hatte. Ein bekannter Name für ihn in Italien war »der Knabe«. Aber gerade *seine* Fähigkeit zum langen Atem wird gerühmt. Ein offensichtlicher Widerspruch.

Ein Gemälde von Jacopo Amigoni (1682-1752), Farinelli darstellend, gefertigt um 1752, zeigt einen Mann in den besten Jahren, der trotz barocker Pracht der Kleidung und Präsentation eines Ordens nicht gerade durch einen großen Brustkorb in Erscheinung tritt. Bemerkenswert ist im Titel die Bezeichnung: »Der *Sopranist*«. Amigoni war mit Farinelli befreundet. Eine diskrete Anspielung auf die Realität? (siehe Umschlagbild)

Schaut man sich die berühmte und oft gezeigte Abbildung von *Senesino* mit der *Cuzzoni* (sowie einem anderen Sänger) an (69), wird deutlich, dass es sich wohl nur um eine karikaturhafte Verzerrung Senesinos handeln kann. Die *Cuzzoni* hätte schon zwergenhaft klein sein müssen. Aber es sollte wohl unbedingt ein großer Brustkorb herausgestrichen werden.

Dagegen lässt eine wenig bekannte Karikatur des spindeldürren Kastraten *Filippo Balatri* einen großen Brustkorb mehr als vermissen (69). Der Kastrat *Gioseppino* fällt in einer anderen, ebenfalls wenig bekannten Karikatur gleichermaßen nicht durch einen großen Brustkorb auf (77). Offensichtlich werden diejenigen Abbildungen besonders herausgestrichen, die zur These passen.

Zwar gibt es, medizinisch gesehen, bei Androgenmangel eine Wuchsform, die wegen verzögertem Epiphysenschluss zu einem verlängerten Wachstum der Röhrenknochen führt und damit zum Bild des »Stehriesen« beziehungsweise »Sitzzwerges«; *der Brustkorb ist dabei aber nicht zwangsläufig vergrößert*.

Was bei lang andauerndem Androgenmangel medizinisch wichtiger erscheint als die Sache mit den großen Brustkörben, ist eine regelmäßig sich einstellende *Osteoporose* (Knochenbrüchigkeit), welche eine erhöhte Frakturanfälligkeit (Anfälligkeit für Knochenbrüche) nach sich zieht. Von *gehäuften Knochenbrüchen bei Kastraten* ist jedoch nichts bekannt.

Gelegentlich stellt sich bei lang andauerndem Androgenmangel eine *Anämie* (Blutarmut) mit Blässe, Kraftlosigkeit und Leistungsschwäche ein (53). Aber die Sänger sollen, im Gegenteil, ja recht aktive Männer gewesen sein. In ganz Europa unterwegs, leistungsstark im Beruf, herumgereicht in der Gesellschaft und überaus erfolgreich. Von Blutleere und Kraftlosigkeit keine Spur.

Wir sehen, dass einige der Mythen über Kastraten als sehr fraglich erscheinen, wenn wir uns näher mit ihnen befassen.

Was gegen Kastrationen spricht – eine Zusammenfassung

Nun zurück zum eigentlichen Thema. Zunächst zur ***Chirurgie*** während der Barockzeit. Dabei kommen die *damaligen Operationsbedingungen* mit ihren Auswirkungen wieder in den Blick.

Die *universitär-chirurgisch ausgebildeten Ärzte* waren damals weitgehend nach einem System ausgebildet, das sich *auf rein theoretisches Diskutieren reduzierte, ohne praktisch-operative Unterweisung*. Demzufolge konnten sie kaum wirklich »operieren«. Dies änderte sich erst langsam. Was an den Spitälern stattfand, ist für lange Zeit unsicher; noch unklarer ist die Situation der akademisch gebildeten Chirurgen außerhalb.

Für lange Zeit waren es überwiegend die Wundärzte, die über eine operative Erfahrung verfügten. Diese *Wundärzte* waren als sogenannte *Handwerkschirurgen* aber von dem abhängig, was sie von ihrem Lehrherrn an *praktischer Ausbildung* mitnehmen konnten. Eine theoretische Ausbildung war bei ihnen so gut wie nicht vorhanden, eine Unterweisung in Anatomie gab es nicht. Letzterer Mangel ist für chirurgisch Tätige besonders gravierend. Der jeweilige Lehrherr des Wundarztes hatte dabei auch nur das zur Verfügung, was er selbst zuvor von seinem eigenen Lehrherrn gelernt hatte. Für ein umfangreicheres Operieren war das nicht ausreichend, allenfalls für Aderlässe, Abszesseröffnungen, Einrenken von Luxationen oder dergleichen.

Was Wundärzte offiziell ausüben durften, erstreckte sich demzufolge auf wenige Bereiche. Wenn manche (fahrenden) Wundärzte dann trotzdem solch schwierige Dinge wie Leistenbruchoperationen oder Blasensteinschnitte versuchten, muss man sich nicht wundern, wenn es schief ging. Wenn Wundärzte, wie es manchmal geschah, unter »Aufsicht« studierter Ärzte operierten, kann dies nur als Augenwischerei bezeichnet werden. Diese Ärzte hatten ja meist selbst, wie schon gesagt, keine rechte Vorstellung von dem, was vor sich gehen sollte.

Die *Hodenentfernung* oder das *Durchschneiden der Samenstränge* lag jedenfalls nicht im legalen Tätigkeitsbereich der Wundärzte. Sie waren diesen Operationen nicht gewachsen.

Nur langsam erweiterte und verbesserte sich die chirurgische Ausbildung und auch das chirurgische Betätigungsfeld, so dass es im Laufe der Zeit kenntnisreichere Operateure gab.

Zusätzlich zu dieser, nicht nur aus heutiger Sicht, unbefriedigenden Ausbildungssituation, lagen auch *andere, für Operationen relevante Faktoren* im Argen. Sie sollen noch einmal vor Augen geführt werden:

Angeblich sollen Kinder aus armen, sehr kinderreichen Familien kastriert worden sein. Manche davon dürften mangelernährt gewesen sein und damit oder durch andere Faktoren in einem schlechten *praeoperativen Zustand*. Die *fehlende Narkose* führte zu schnellstem Operieren, um den Patienten möglichst wenig Schmerzen leiden zu lassen, war dabei aber stark traumatisierend. (Noch Heister rühmt sich, in kürzester Zeit eine Brust absetzen zu können. Den Erfolg möchte man auch bei ihm nicht kontrollieren.) Auch sonstige Gefahren waren vorhanden, z. B. durch falsche Lagerung, Ersticken drohte. Es gab nicht zu bewältigende technische Probleme, vor allem mit der Blutstillung. (Nach-)Blutungen waren häufig. *Antisepsis/Asepsis* spielte keine Rolle, war völlig unbekannt. Man kann sich vorstellen, dass Wundinfektionen größten Ausmaßes an der Tagesordnung waren. Aber auch andere Schwierigkeiten gab es noch, zumal die Patienten *perioperativ* nur unzureichend versorgt und damit weiter geschwächt waren. Schwächung bewirkt, dass der Organismus mit Belastungen weniger gut fertig wird und ihnen leichter erliegt.

Mit diesem Wissen können wir verstehen, dass zur Barockzeit extreme Risiken bei einer Kastration bestanden.

Für Kastrationen gab es während jener Zeit zwei Möglichkeiten. Einmal konnte eine *Hodenentfernung durch die Leiste oder das Skrotum* durchgeführt werden. Von letzterer Möglichkeit gibt es keine historischen Berichte.

Zum anderen wäre ein *Durchschneiden der Samenstränge* denkbar. Von dieser Operation finden sich aber auch keine Schilderungen in der medizinhistorischen Literatur. Es ist also schon von daher fraglich, ob sie wirklich stattfand.

Die *Hodenentfernung durch die Leiste*, als größere Operation, erscheint besonders komplikationsreich und riskant. Sie hatte mit großer Wahrscheinlichkeit ein Operationsrisiko um 70-90%. Die Hodenentfernung durch das Skrotum ist hypothetisch, hätte vermutlich ein Operationsrisiko um 60-80% gehabt. Aber auch das (ebenfalls nur hypothetisch bekannte) *Durchschneiden der Samenstränge* wäre sehr gefährlich gewesen. Es wäre dabei mit einem Operationsrisiko um 50-70% zu rechnen gewesen. Bei solchen Risiken können diese Operationen nicht in großem Umfang ausgeführt worden sein, es hätte sonst sehr viele Tote gegeben.

Bemerkenswert ist, dass keine Todesfälle durch Kastrationen *bekannt* sind. Diese *müsste* es aber *auf jeden Fall gegeben haben, vor allem bei angenommenen mehr als 4.000 Kastrationen pro Jahr.* Keinesfalls kann dies so interpretiert werden, dass alles glimpflich abgelaufen ist, weil die Operationen ja so harmlos waren. Die Interpretation kann nur lauten: Es sind allenfalls nur äußerst wenige Kinder, wenn überhaupt welche, operativ kastriert worden.

Besonders auffällig ist auch, dass keine Berichte über ein Syndrom im Sinne eines *akuten Skrotums* mit eitriger Infektion des nekrotisierenden Hodengewebes vorliegen. Dieses *akute Skrotum* wäre häufig zu erwarten gewesen, wenn die Samenstrangdurchschneidung tatsächlich stattgefunden hätte. Allein schon diese fehlenden Berichte machen ziemlich sicher, dass es solche Operationen nicht gegeben hat.

Wendet man sich der ***Endokrinologie*** zu, lässt sich zunächst festhalten, dass während der Barockzeit die für das Wachstum verantwortlichen Hormone unbekannt waren. Lediglich aus Erfahrung kannte man einen Zusammenhang zwischen praepuberalem Hodenverlust und Stimme. Insbesondere war während der Barockzeit nichts darüber bekannt, dass *gleich mehrere Hormone* wachstumsfördernd auf den Kehlkopf wirken können. Das Wachstum dieses lebenswichtigen Organs ist aber offensichtlich mehrfach abgesichert. Fällt ein Hormon (z. B. Testosteron durch präpuberale Kastration zwischen 6 und 9 Jahren) aus, bedeutet dies nicht den Wachstumsstopp des Kehlkopfs. Der Kehlkopf würde sonst auf der Größenstufe des kastrierten Kindes stehen bleiben und wäre damit für einen Erwachsenen stenotisch (zu eng). Der Kehlkopf wächst bis zur Pubertät (und auch darüber hinaus) weiter, wenngleich anders als normal, da ja die anderen wachstumsfördernden Hormone auf ihn wirken.

Unter Testosteronmangel, bei gleichzeitigem Wirken anderer wachstumsfördernder Hormone, entwickelt sich aber eine *veränderte Mikromechanik* des Kehlkopfs. Sie führt zu einer *Stimmstörung*, die ein fein austarierbares Singen nicht mehr zulässt. Der Einsatz des Kehlkopfs für den Kunstgesang ist dann nicht mehr möglich.

Mit einer Kastration wird also nicht erreicht, was man gemeinhin denkt. Der Kehlkopf bleibt nicht klein und die kindliche Knabenstimme lässt sich auch nicht konservieren.

Damit haben wir zwei Resultate.

Einmal sprechen die Ergebnisse des *chirurgischen Teils* sehr dagegen, dass eine nennenswerte Zahl von Kastrationen ausgeführt wurde.

Zum anderen macht der *endokrinologische Teil deutlich*, dass eine Kastration zwecklos ist, da sie die Knabenstimme nicht erhält, sondern im Gegenteil einen künstlerisch gesangsunfähigen Kehlkopf nach sich zieht.

Während der Barockzeit konnten die meisten Menschen sich eine hohe Männerstimme aber nur durch eine Kastration erklären. Notgedrungen mussten Sänger mit hoch hinauf reichendem Stimmumfang als kastriert angesehen werden. Gewissermaßen war dies der vorwissenschaftliche Versuch einer Kausalitätskette. Vermutlich nutzten die Sängerstars der Barockzeit diese *»bedauernswerte Tatsache«* dann geschickt zu ihrem Vorteil.

Noch heute, ohne es zu sagen, denken möglicherweise viele Menschen, wenn sie einen Countertenor hören, es könnte ihm gleiches widerfahren sein. Vor kurzem noch hat sich ein bekannter junger Countertenor anlässlich eines Interviews im Fernsehen geäußert: Er habe »kein kleines Geheimnis«. So etwas wird wohl nicht ohne Grund gesagt.

Die eingangs gestellte Frage nach der Plausibilität von mehr als 4.000 Kastrationen pro Jahr, wie dies bisher postuliert wird, muss somit aus heutiger Sicht neu beantwortet werden. Alles spricht dafür, von den bisherigen Vorstellungen über kastrierte Sänger abzurücken und sie ins Reich der Mythenbildung zu verweisen. Es bleibt nur der Schluss, dass von den damaligen Sängerstars entweder eine erlernbare, falsettierende Technik angewandt wurde, wie sie überall in Europa bekannt war, oder dass gesangsbegabte Kinder, bei denen ein hörbarer Stimmbruch nicht eintrat, ihren Stimmumfang im Laufe der Zeit durch Üben beträchtlich nach oben erweitert haben.

Literaturverzeichnis

1) Alberts, Bruce; Bray, Denis; Hopkins, Karen; Johnson, Alexander; Lewis, Julian; Raff, Martin; Roberts, Keith; Walter, Peter: Lehrbuch der Molekularen Zellbiologie. WILEY-VCH Verlag GmbH & Co, Weinheim, 2005.

2) Allgöwer, Martin; Hrsg.: Allgemeine und spezielle Chirurgie. Springer, Berlin - Heidelberg - New York, 1971.

3) Altmann, K. W.; Haines, G. K. 3rd; Vakkalanka, S. K.; Keni, S. P.; Kopp, P.A.; Radosevich, J.A.: Identification of thyroid hormone receptors in the human larynx. Laryngoscope. 2003 Nov; 113(11): 1931-4.

4) Barbier, Patrick: Histoire des Castrats. Grasset, Paris, 1989.

5) Behrbohm, Hans; Kaschke, Oliver; Nawka, Tadeus: Kurzlehrbuch Hals-Nasen-Ohren-Heilkunde. Georg Thieme Verlag, Stuttgart - New York, 2009.

6) Bell, Benjamin: Lehrbegriff der Wundarzneykunst. Weidmannsche Buchhandlung, Leipzig, 1804.

7) Berg, Jeremy M.; Tymoczko, John L.; Stryer, Lubert: Biochemie. Elsevier GmbH, München, 2007.

8) Bergdoldt, Klaus: Die Pest. Verlag C. H. Beck, München, 2006.

9) Betke, K.; Künzer, W.; Hrsg.: Lehrbuch der Kinderheilkunde. Thieme, Stuttgart - New York, 1984.

10) Bob, Konstantin und Alexander: Duale Reihe – Anatomie. Thieme, Stuttgart, 2007.

11) Brämswig, J.; Dübbers, A.: Störungen der Pubertätsentwicklung. Dtsch Arztebl Int 2009; 106(17): 295-304. DOI: 10.3238/arztebl.2009.0295.

12) Brandt, Ludwig: Illustrierte Geschichte der Anästhesie. Wissenschaftliche Verlagsgesellschaft mbH, Stuttgart, 1997.

13) Brinkmann, A.; Steffen, P.; Wagner, F.: Anästhesiologische Betreuung, in: Henne-Bruns, D.; Dürig, M.; Kremer, B.: Duale Reihe - Chirurgie. Thieme, Stuttgart, 2008.

14) Browe, Peter: Zur Geschichte der Entmannung. Eine religions- und rechtsgeschichtliche Studie. Breslauer Studien zur historischen Theologie, Neue Folge, Band 1. Müller u. Seiffert, Breslau, 1936.

15) Brunn-Fahrni, R. v.: Antiseptik und Aseptik. Ciba-Zeitschrift, Wehr-Baden, Heft 50, Band 5, 1951, S. 1662-1692.

16) Burney, Charles: Tagebuch einer musikalischen Reise durch Frankreich und Italien, durch Flandern, die Niederlande und am Rhein bis Wien, durch Böhmen, Sachsen, Brandenburg, Hamburg und Holland; hrsg. von Richard Schaal. Heinrichshofen's Verlag, Wilhelmshaven, 1980.

17) Cavus, Erol: Perioperative Maßnahmen/Probleme, in: Henne-Bruns, D.; Dürig, M.; Kremer, B.: Duale Reihe - Chirurgie. Thieme, Stuttgart, 2008.

18) Claasen, H.; Mönig, H.; Werner, J. A.; Paulsen, F.: Androgen receptors and gender-specific distribution of alkaline phosphatase in human thyroid cartilage. Histochem Cell Biol, 2006; 126(3):381-8.Epub 2006 Apr. 1.

19) Corbiau, Gerard; Regisseur: Farinelli – il castrato. VHS-Kassette, 2002.

20) Damm, Anja; Zinsen, Dirk: Vetskills. Arbeitstechniken in der Kleintierpraxis. Schattauer, Stuttgart - New York, 2006.

21) Deetgen, P.; Speckmann, E.-J.; Hescheler, J.: Physiologie. Urban & Fischer, München - Jena, 2005.

22) Dettmer, Ulf; Folkerts, Malte; Kächler, Eva; Sönnichsen, Andreas: Intensivkurs Biochemie. Urban & Fischer, München - Jena, 2005.

23) Dietel, Manfred; Suttorp, Norbert; Zeitz, Martin; Hrsg.: Harrisons Innere Medizin. ABW Wissenschaftsverlag GmbH, Berlin, 2005.

24) Doenecke, Detlef; Koolman, Jan; Fuchs, Georg; Gerok, Wolfgang: Karlsons Biochemie und Pathobiochemie. Georg Thieme Verlag, Stuttgart - New York, 2005.

25) Drews, Gerhart: Mikrobiologie. Die Entdeckung der unsichtbaren Welt. Springer, Heidelberg, 2010.

26) Eckart, Wolfgang Uwe; Jütte, Robert: Medizingeschichte. Böhlau Verlag, Köln - Weimar - Wien, 2007.

27) Eulner, Hans-Heinz: Die Entwicklung der medizinischen Spezialfächer an den Universitäten des deutschen Sprachgebietes. Ferdinand Enke Verlag, Stuttgart, 1970.

28) Faupel, Werner: Ein Beitrag zur Verhütung von Komplikationen und Wundkrankheiten bei und nach der Kastration von Hengsten. Veterinärmedizinische Dissertation, Berlin, 1949.

29) Finscher, Ludwig; Hrsg.: Die Musik in Geschichte und Gegenwart. Allgemeine Enzyklopädie der Musik begründet von Friedrich Blume. Sachteil 5. Kas-Mein. Gemeinschaftsausgabe der Verlage Bärenreiter, Kassel-Basel-London-New-York-Prag und Metzeler, Stuttgart-Weimar.

30) Fritz, Hans: Kastratengesang. Hormonelle, konstitutionelle und pädagogische Aspekte. Schneider, Tutzing, 1994.

31) Froesch, E. R.; Zapf, J.; Audhya, T. K.; Ben-Porath, E.; Segen, B. J.; Gibson, K. D.: Nonsuppressible insulin-like activity and thyroid hormones: major pituitary-dependent sulfation factors for chick embryo cartilage. Proceedings of the National Academy of Sciences of the United States of America; Vol. 73 (8); p. 2904-8 /197608/.

32) Gerstdorff, Hans von: Feldtbuch der Wundartzney, 1517. Faksimile Druck, Antiqua Verlag, Lindau, 1976.

33) Gierhake, F.W.: Asepsis, in: Sailer, F. X.; Gierhake, F. W.: Chirurgie - Historisch gesehen. Dustri Verlag, Deisenhofen, 1973.

34) Glade, M.J.; Kanwar, Y. S.; Stern, P. H.: Insulin and thyroid hormones stimulate matrix metabolism in primary cultures of articular chondrocytes from young rabbits independently and in combination. Connective tissue research; Vol. 31 (1); p. 37-44 /1994/.

35) Gruber, G. W.: Der Niedergang des Kastratentums. Eine Untersuchung zur bürgerlichen Kritik an der höfischen Musikkultur, aufgezeigt am Beispiel der Kritik am Kastratentum mit einem Versuch einer objektiven Klassifikation der Kastratenstimme. Wien, 1982, (Diss.).

36) Haböck, Franz: Die Kastraten und ihre Gesangskunst. Deutsche Verlags- Anstalt, Stuttgart - Berlin - Leipzig, 1927.

37) Heister, Lorenz: Chirurgie, in welcher alles, was zur Wundarzney gehöret, Nach der neuesten und besten Art, gründlich abgehandelt, und in acht und dreyßig Kupfertafeln die neuerfundene und dienlichste Instrumente, Nebst den bequemsten Handgriffen der chirurgischen Operationen und Bandagen deutlich vorgestellet werden. Nürnberg, Bey Gabriel Nicolaus Raspe, 1763.

38) Heister, Lorenz: Medizinische Chirurgische und Anatomische Wahrnehmungen Nebst Kupfern und gedoppelten Registern. Rostock, verlegt von Johann Christian Koppe, 1753.

39) Henne-Bruns, D.; Dürig, M.; Kremer, B.: Duale Reihe - Chirurgie. Thieme, Stuttgart, 2008.

40) Hersche, Peter: Italien im Barockzeitalter 1600 - 1750. Eine Sozial- und Kulturgeschichte. Böhlau Verlag, Wien-Köln-Weimar, 1999.

41) Hildanus, Fabricius: Ausgewählte Observationes Wilhelm Fabry's von Hilden; übers. von Rom. Joh. Schaefer. Barth, Leipzig, 1914.

42) Hildanus, Fabricius: Von der Fürtrefflichkeit und Nutz der Anatomy. Gedruckt bei Grunau, Bern, 1936.

43) Hinman, Frank: Atlas of Urologic Surgery. W. P. Saunders Company, USA.

44) Hofmann, Eberhard: Medizinische Biochemie systematisch. UNI-MED Verlag AG, Bremen, 2001.

45) Horn, Florian; Lindenmeier, Gerd; Moc, Isabelle; Grillhösl, Christian; Berghold, Silke; Schneider, Nadine; Münster, Birgit: Biochemie des Menschen. Das Lehrbuch für das Medizinstudium. Georg Thieme Verlag, Stuttgart - New York, 2002.

46) Jütte, Robert: Medizin, Krankheit und Gesundheit zur Zeit Goethes. Ärzteblatt Baden-Württemberg. Gentner Verlag, 63 Jahrgang, 12, 2008.

47) Karenberg, Axel: Lernen am Bett der Kranken. Die frühen Universitätskliniken in Deutschland (1760-1840). Guido Pressler Verlag, Hürtgenwald, 1997.

48) Korsmeier, Claudia Maria: Der Sänger Giovanni Carestini (1700 - 1760) und »seine« Komponisten. Karl Dieter Wagner, Eisenach, 2000.

49) Krück, Friedrich; Hrsg.: Pathophysiologie Pathobiochemie. Urban & Schwarzenberg, Wien - München - Baltimore, 1994.

50) Krüger, Uwe: Infektiologie, Asepsis-Antisepsis, in: Henne-Bruns, D.; Dürig, M.; Kremer, B.: Duale Reihe – Chirurgie. Thieme, Stuttgart, 2008.

51) Krüger, Uwe; Wolfrum, Fabian: Wunde, in: Henne-Bruns, D.; Dürig, M., Kremer, B.: Duale Reihe - Chirurgie. Thieme, Stuttgart, 2008.

52) Lammerding, Frank: Geschlechtsidentitätsentwicklung von Jungen. Wissenschaftlicher Verlag, Berlin, 2004.

53) Lehnert, Hendrik; Red.: Rationelle Diagnostik und Therapie in Endokrinologie, Diabetologie und Stoffwechsel, hrsg. von der Deutschen Gesellschaft für Endokrinologie. Thieme, Stuttgart, 2010.

54) Lentze, M. J.; Schaub, J.; Schulte, F. J.; Spranger, J.: Pädiatrie. Grundlagen und Praxis. Endokrinologie. Springer Medizin Verlag, Heidelberg, 2007, S. 524.

55) Linnemann, Markus; Kühl, Michael: Biochemie für Mediziner. Ein Lern- und Arbeitsbuch mit klinischem Bezug. Springer-Verlag, Berlin-Heidelberg, 2005.

56) Löffler, Georg; Petrides, Petro E.; Heinrich, Peter C.: Biochemie und Pathobiochemie. Springer, Heidelberg, 2007.

57) Lüllmann, H.; Mohr, K.; Hein, L.: Pharmakologie und Toxikologie. Thieme, Stuttgart - New York, 2006.

58) Marquardt, Hans; Schäfer, Siegfried: Lehrbuch der Toxikologie. Wissenschaftliche Verlagsgesellschaft mbH, Stuttgart, 2004.

59) Martin, Michael; Resch, Klaus: Immunologie. UTB basics, Ulmer Verlag, Stuttgart, 2009.

60) Marx, H. J.; (Hrsg.); Gervink, M.; Voss, S.: Das Händel Lexikon (Bd.6). Laaber Verlag, Laaber, 2010.

61) Mertens, Wolfgang: Entwicklung der Psychosexualität und der Geschlechtsidentität. Band 1. Verlag W. Kohlhammer, Stuttgart - Berlin - Köln, 1992.

62) Miehlisch, Fritjof: Beitrag zur Endokrinologie der Sängerkastraten. Köln, 1974 (Diss.).

63) Monsonego, E.; Halevy, O.; Gertler, A.; Volokita, M.; Schickler, M.; Hurwitz, S.; Pines, M.: Growth hormone receptors in avian epiphyseal growth-plate chondrocytes. General and comparative endocrinology; Vol. 92 (2); p. 179-88 / 199311/

64) Müller, Hendrik: Regisseur; Hartmann, Tina: Text; Händel, Georg Friedrich: Musik. Kastraten - Gesang nach des Messers Schneide.

65) Mutschler, Ernst; Schaible, Hans-Georg, Vaupel, Peter: Thews-Mutschler-Vaupel. Anatomie Physiologie Pathophysiologie des Menschen. Wissenschaftliche Verlagsgesellschaft mbH, Stuttgart, 2007.

66) Nilsson, A., Carlsson, B., Mathews, L., Isaksson, OG.: Growth hormone regulation of the growth hormone receptor mRNA in cultured rat e-piphyseal chondrocytes. Molecular and cellular endocrinology; Vol. 70 (3); p. 237-46 / 19900507/

67) Olney, R. C.; Wang, J.; Sylvester, J. E.; Mougey, E. B.: Growth factor regulation of human growth plate chondrocyte proliferation in vitro. Biochemical and biophysical research communications; Vol. 31 (4); p. 1171-82 /20040514/

68) Orth, H. D.; Kis, I.: Schmerzbekämpfung und Narkose, in: Sailer, F. X.; Gierhake, F. W., Chirurgie – Historisch gesehen. Dustri Verlag, Deisenhofen, 1973.

69) Ortkemper, Hubert: Engel wider Willen. Die Welt der Kastraten. Henschel, Berlin, 1993.

70) Phornphutkul, C.; Wu, K.Y.; Gruppuso, P. A.: The role of insulin in Chondrogenesis. Molecular and cellular endocrinology; Vol. 249 (1-2); p. 107-15 /20060425/

71) Probst, Rudolf; Grevers, Gerhard; Iro, Heinrich: Hals-Nasen-Ohren-Heilkunde. Thieme, Stuttgart, 2008.

72) Pufe, T.; Mentlein, R.; Tsokos, M.; Steven, P.; Varoga, D.; Goldring, M. B.; Tillmann, B. N.; Paulsen, F. P.: VEGF expression in adult permanent thyroid cartilage: implications for lack of cartilage ossification. Bone 35: 543-552, 2004.

73) Purmann, Matthäus Gottfried: Matthaei Gothofredi Purmanni Curiöse chirurgische Observationes. Franckfurth u. Leipzig, 1710.

74) Putz, R.; Pabst, R.; unter Mitwirkung von Renate Putz; Hrsg.: Sobotta, Atlas der Anatomie des Menschen, Bd. 2. Urban und Fischer, München - Jena , 2006.

75) Ranke, Michael B.; Wölfle, Joachim; Bettendorf, Markus: Behandlung des Kleinwuchses mit rekombinantem humanem »Insulin-like Growth

Factor-1«. Dtsch Arztebl Int 2009, 106(43): 703-9. DOI: 10.3238/ arztebl.2009.0703

76) Rice, Anne: Falsetto. Goldmann Verlag, München, 1995.

77) Rosselli, John: Singers of Italian Opera. The History of a Profession. Cambridge University Press, Cambridge, 1992.

78) Rüster, Detlef: Alte Chirurgie. Deutscher Ärzte Verlag, Köln, 1986.

79) Ruisinger, Marion, Maria: Patientenwege. Die Konsiliarkorrespondenz Lorenz Heisters (1683-1758) in der Trew-Sammlung Erlangen. Franz Steiner Verlag, Stuttgart, 2008.

80) Sailer, F. X.; Gierhake, F. W.; Chirurgie – Historisch Gesehen. Dustri Verlag, Deisenhofen, 1973.

81) Sander, Sabine: Handwerkschirurgen. Sozialgeschichte einer verdrängten Berufsgruppe. Vandenhoeck & Ruprecht, Göttingen, 1989.

82) Sander, Sabine, in: Reith, Reinhold: Lexikon des alten Handwerks. Vom späten Mittelalter bis ins 20. Jahrhundert. Verlag C. H. Beck, München, 1990.

83) Schiller, Johann Caspar: Meine Lebens-Geschichte (1789). Mit einem Nachwort, hrsg. von Ulrich Ott. Marbach am Neckar, 1993.

84) Schröder, Jörg: Ernährung, in: Henne-Bruns, D.; Dürig, M.; Kremer, B.: Duale Reihe – Chirurgie. Thieme, Stuttgart, 2008.

85) Schröder, Jörg: Chirurgische Infektionen, in: Henne-Bruns, D.; Dürig, M.; Kremer, B.: Duale Reihe – Chirurgie. Thieme, Stuttgart, 2008.

86) Schulz, C., Grammatopoulos, D.: Bedeutung der Hormone, in: Rationelle Diagnostik und Therapie in Endokrinologie, Diabetologie und Stoffwechsel, hrsg. von der Deutschen Gesellschaft für Endokrinologie. Red.: Hendrik Lehnert.

87) Scultetus, Johannes: D. Johannis Sculteti, Weiland hochberühmten Medici, und vortrefflichen Chirurgi zu Ulm/ Wund-Artzneyisches Zeug-Hauss/ Franckfurt/ In Verlegung Johann Gerlins Seel. Wittib/ Buchhändl. in Ulm. Gedruckt bey Johann Gerlin, 1666. Faksimile Nachdruck, mit einer Biographie von Anneliese Seiz. Hrsg. von Firma L. Merckle KG, Kohlhammer Verlag, Stuttgart, 1974.

88) Seidner, Wolfram; Wendler, Jürgen: Die Sängerstimme. Phoniatrische Grundlagen der Gesangsausbildung. Henschel Verlag, Berlin, 1997.

89) Sherr, R.: Guglielmo Gonzaga and the castrati. Renaissance Quarterly 33, 1980, S. 33-56.

90) Siegenthaler, Walter; Blum, Hubert E.; Hrsg.: Klinische Pathophysiologie. Thieme, Stuttgart - New York, 2006.

91) Skibbe, G.: Gallenblase und Gallengänge, in: Sailer, F. X.; Gierhake, F. W.: Chirurgie - Historisch gesehen. Dustri Verlag, Deisenhofen, 1973.

92) Steffen, Peter; Brinkmann, Alexander; Seeling, Wulf: Atemdepressionsgefahr bei Opiaten, Schmerztherapie, in: Henne-Bruns, D.; Dürig, M.; Kremer, B.: Duale Reihe – Chirurgie. Thieme, Stuttgart, 2008.

93) Stintzing, Sebastian; Heinemann, Volker; Jung, Andreas; Moosmann, Nicolas; Hiddemann, Wolfgang; Kirchner, Thomas: Behandlung des kolorektalen Karzinoms mit monoklonalen Antikörpern. Dtsch Arztebl Int 2009; 106(12); 202-6. DOI: 10. 3238/arztebl.2009.0202

94) Toellner, Richard: Illustrierte Geschichte der Medizin, Deutsche Ausgabe, Band 5, Geschichte der Tuberkulose. Andreas & Andreas, Verlagsbuchhandel, Salzburg, 1986.

95) Tuchel, Susan: Kastration im Mittelalter. Droste, Düsseldorf, 1998.

96) Vetter, Brigitte: Transidentität – ein unordentliches Phänomen. Wenn das Geschlecht nicht zum Bewusstsein passt. Verlag Hans Huber, Bern, 2010.

97) Waldschmidt, Jürgen; Hamm, Bernd; Schier, Felix: Das akute Skrotum. Hippokrates Verlag, Stuttgart, 1990.

98) Walz, P. H., Hohenfellner, R., Necknig, U.: Anfängeroperationen in der Urologie – Schritt für Schritt. Bibliomed – Medizinische Verlagsgesellschaft mbH, Melsungen, 2007.

99) Wendler, Jürgen; Seidner, Wolfram; Eysholdt, Ulrich: Lehrbuch der Phoniatrie und Pädaudiologie. Thieme, Stuttgart, 2005.

100) Wetterauer, U.; Rutishauser, G.; Sommerkamp, H.: Urologie. Walter de Gruyter, Berlin - New York, 1995.

101) Wingler, Kirstin; Harald, H.H.; Schmidt, W.: Guter Stress, schlechter Stress – die feine Balance in Blutgefäßen. Dtsch Arztebl Int 2009; 106(42): 677-84. DOI: 10.3238/arztebl.2009.0677

102) Wolfrum, Fabian: Der operative Eingriff, in: Henne-Bruns, D.; Dürig, M.; Kremer, B., Duale Reihe – Chirurgie. Thieme, Stuttgart, 2008.

103) www.MedizInfo.de, Suchbegriffe: Akromegalie, Gigantismus, am 29.04.2010

Niels-Constantin Dallmann

Terminologie des Jazz der Weimarer Republik:

Rhythmus, Form und Gattungen

ISBN 978-3-8382-0348-5
166 Seiten, 17 cm x 24 cm. Hardcover
45,90 €

Jazz in der Weimarer Republik ist ein von der Forschung bisher wenig beachtetes Kapitel der Musikgeschichte. Ein Mangel an akademischer Aufmerksamkeit ist aber keineswegs mit fehlender historischer Bedeutung gleichzusetzen, denn der Jazz war zu dieser Zeit die treibende Kraft der Unterhaltungsmusik in Deutschland.

Zur Zeit der Weimarer Republik war Jazz überwiegend Tanzmusik, was sich auch in der Musikterminologie widerspiegelt. So nehmen viele Begriffe unmittelbar Bezug auf die Tanzmusik. Beispielsweise gibt es unzählige deutsche Jazzplatten aus den 1920er Jahren, die als Foxtrott – also als eine Tanz- und Musikgattung – gekennzeichnet sind. Vor allem aber ist auf den historischen Tonträgern ein wesentliches Charakteristikum der Weimarer Jazzmusik nachweisbar, das gleichfalls in den Jazzlehrwerken jener Zeit thematisiert wird: Es hat sich eine weitgehend standardisierte Form herausgebildet, die hauptsächlich auf dem Prinzip der mehrfach variierten Wiederholung des Chorus eines Musikstücks beruht.

In seiner musikwissenschaftlichen Studie, die im Jahr 2011 an der Freien Universität Berlin als Dissertation angenommen worden ist, arbeitet Niels-Constantin Dallmann Aspekte der zur Weimarer Zeit verwendeten Terminologie unter der Prämisse auf, daß musikalische Begriffe stets im Wandel sind und sich ihre heutigen Bedeutungen von damaligen sehr wohl unterscheiden können.

ibidem-Verlag
Melchiorstr. 15
D-70439 Stuttgart
info@ibidem-verlag.de

www.ibidem-verlag.de
www.ibidem.eu
www.edition-noema.de
www.autorenbetreuung.de

Zeitfracht Medien GmbH
Ferdinand-Jühlke-Straße 7
99095 Erfurt, Deutschland
produktsicherheit@kolibri360.de